시 니 어  당 신 에 게

은퇴 준비,
어떻게 할까요?

황국영 지음

한국경제신문*i*

우리는 고령화와 노인 문제가 심각하다고 떠들거나 어쩔 수 없는 시대의 흐름이라고 그냥 둘 것이 아니라, 50대 이후의 인생에 대해 적극적으로 고민하고 연구해야 한다. 노인 문화와 삶이 다양해져야 한다. 그것은 곧 우리 모두의 미래이기 때문이다. 인생을 마라톤이라고 생각했을 때, 50대나 60대까지 전력질주하고 기진맥진한 채로 나머지 30년을 살 것이 아니라, 호흡과 속도를 조절해서 끝까지 행복하고 건강하게 완주해야 한다.

나는 현재 경찰관으로 은퇴 이후의 삶에 대해 관심이 많았고, 그 관심을 바탕으로 많은 연구를 했다. 그러나 시중에 은퇴를 준비하고자 하는 50대에게 필요한 은퇴 준비를 잘하는 방법, 은퇴 이후의 삶을 설계하는 방법, 은퇴 이후의 삶에 대한 다양한 조언

등이 구체적으로 담긴 책이 부족하다는 생각을 했고, 직접 은퇴 이후의 삶을 잘 살아갈 수 있는 콘텐츠들로 단단하게 꾸려보기로 결심했다. 이 책은 50대 전후 정년퇴직예정자, 인생에 대한 생각을 정리하고 자기계발이 필요한 분들에게도 추천한다. 은퇴나 실버 세대 관련 언론보도나 연구 결과 등이 있어 강의 자료로 설득력이 있고, 철학적인 명언과 심리적인 부분도 다뤘기 때문에 정서적으로 동기부여가 될 것이다. 마지막으로 관련기관의 유용한 정보 등 실용적인 정보가 담겨 있으므로 참고가 될 것이다.

또한 새로운 출발을 위해 뚜렷한 목표가 생기지 않을 때 이 책을 통해 관심과 흥미를 이끌어 동기부여를 할 수 있으리라 기대한다. 동기부여에서 그치는 것이 아니라 실행할 수 있는 정보도 함께 담았기 때문에 퇴직을 준비하는 주변 사람들에게 추천할 수 있을 것이다. 은퇴 준비를 위한 기존 책을 살펴보면 경제 분야 서적이 가장 많은 자리를 차지하고 있고, 마음과 심리 분야, 건강 분야, 죽음(웰다잉) 분야 등 각각을 다룬 책은 많으나 그 내용을 전반적으로 함께 다룬 책은 흔치 않다. 이 책은 은퇴 후의 미래를 예상하고, 정서적인 부분에 대한 케어와 실질적으로 생활에서 관심 있는 분야의 정보 또한 찾아볼 수 있도록 관련기관을 알려주는 등 한 권에 은퇴 후 생활에 대한 모든 것을 담았다는 점에서 차별화된다.

은퇴 준비에서 중요한 것은 첫째가 마음 건강이다. 자신을 돌아보면서 심적 대비를 하고, 정신력을 강화시키는 것이 중요하기 때문이다. 둘째는 몸 건강이다. 몸이 아프면 내 의지대로 실행을 할 수 없고, 고통스러운 시간만 남게 된다. 셋째는 가정 경제다. 기본적으로 의식주를 위협받지 않으면서, 조금 더 여유를 느낄 수 있는 방법과 생활습관에 대해 생각해야 한다. 넷째는 관계의 건강이다. 나이 들면 가정과 사회에서 소외받고 외로워지기 마련인데, 어떻게 해야 덜 외롭고 소통하면서 살 수 있는지는 나의 태도와 노력에 따라 달라진다. 마지막은 죽음을 맞이하는 방법이다. 죽음에 대해 진지하게 생각함으로써 삶이 더 소중하게 느껴질 것이다.

황국영

목차

PART 1
은퇴

은퇴 후 삶은 앞으로의 인생 30년을 말한다

50대 전후에 은퇴하고 80세 정도까지만 산다고 해도 30년의 인생이 남았다. 사람마다 생각의 차이가 있다. "퇴직 후 편히 쉬겠다는 희망으로 전력질주했는데, 하긴 뭘 해?" 하는 사람이 있는 반면, "아직은 내가 벌어야 하는데, 어쩌지?"라고 하는 사람도 있다. 남은 인생 30년을 그냥 바라만 보면서 세월이 가는 대로 내버려둘 수는 없다. 시간을 어떻게 채우느냐에 따라 내 인생 작품이 달라질 것이다.

한국인의 기대 수명은 82.7세(여자 85.7세, 남자 79.7세)로 기대 수명의 연장과 함께 '100세 시대'가 현실화되고 있다. 2020년은 우리나라 베이비부머 세대(1955~63년 출생자)의 선두주자인 1955년생이 만 65세가 되는 해다.[1] 2020년에 노인이 되는 1955년생 남녀 30명을 심층 인터뷰한 중앙일보 기사에 따르면, 자신이 노인이라고 생각하느냐라는 질문에 27명은 "우리는 아직도 청춘이다", "충분히 일할 수 있는데 아쉽다"라고 답하며 기회만 있다면 사회·경제 활동을 계속하고 싶어 했다. 현행 노인복지법은 만 65세 이상을 노인으로 보는데, 1985년 노인 연령 기준이 이 법에 처음 담긴 이후 35년간 한 번도 바뀌지 않았다. 20대에서 50대까지는 60대 초중반 은퇴를 희망하지만, 60대는 69.9세, 70대는 76세에 은퇴하기를 희망하고 있다.

2018년 KB금융연구소가 2차 베이비부머 세대(1968~74년 출생자)를 대상으로 조사한 결과, 조사대상자 대부분이 은퇴 준비의 필요성은 절감했지만, 2명 중 1명 이상(55.4%)이 은퇴 준비를 시작조차 하지 못하고 있다는 결과가 나왔다. 필요성을 느끼면서도 준비하지 못하는 주요 요인으로는 '빠듯한 소득'과 '자녀 교육 비용'이 있었다. 완전 무방비 상태로 65세가 된 이전 세대와는 분명 다르지만, 준비가 부족한 것은 여전하다.

쉬든, 놀든, 벌든 평균 30년의 시간은 우리에게 여백으로 주어졌다. 은퇴 설계를 통해 앞으로 노후를 어떻게 보낼 것인지 진지하게 고민하고 실행해보려는 노력은 막막함을 덜어주고, 긍정적인 미래를 기대할 수 있게 한다. 그동안 일에 얽매여서 하지 못했던 것을 탐색해보는 것은 중요하다. 내가 하고 싶었던 일과 좋아하는

1) 신성식 기자 외, "'일흔 돼야 노인, 우린 청춘" 경로석 손사래 치는 55년생' <중앙일보>, 2020년 1월 2일자 기사 참조.

취미가 무엇인지 찾아서 시도해보고, 직장동료에만 한정되었던 관계에서 벗어나 다양한 사람들과 관계를 다지는 것 또한 중요하다.

은퇴를 앞둔 사람들 대부분은 "퇴직하고 뭐 하실 거예요?"라고 물으면 "하긴 뭘 해, 쉬어야지" 혹은 "산에나 다녀야지"라고 대답한다. 환갑이면 꽤 장수한 편에 속했던 시절에는 맞는 대답이다. 미화원 김 여사(62세)는 남편이 갑자기 병으로 세상을 떠나고, 집에서 혼자 우울한 시간을 보내다가 주변 사람의 권유로 청소 일을 하게 되었다. "새벽에 일찍 나와서 청소를 하다 보니 돈도 생기고, 사람들과 점심도 같이 먹고, 우울한 생각을 덜할 수 있어서 좋다"라며 일을 하면 몸도 건강해지고, 마음마저 건강해지는 것 같다고 말한다.

'은퇴(隱退)'란 노후 또는 특정직업에 맞지 않는 나이가 되었을 때 그 직에서 물러나는 것을 말한다. 요즘은 일반 기업의 경우 40대 후반이나 50대 중후반, 공직자의 경우 60~65세에 퇴직하는 것이 보통이다. 스포츠 선수는 종목에 따라 다르지만 20대에도 은퇴를 한다. 우리 할머니 세대쯤만 해도 환갑잔치는 동네잔치였다. 농경사회였으니 그 나이에도 집 근처 논밭에 나가 상추도 심고, 고추도 따면서 소일하며 시간을 보냈다. 벼슬에 나가는 사람이 아닌 한 은퇴라는 것이 따로 없었다. 굳이 노후를 정하자면 자식의 봉양을 받는 때부터가 은퇴이고, 노후 시기였을 것이다.

SBS의 TV프로그램 〈집사부일체〉에 축구선수 박지성이 출연했다. 박지성은 은퇴할 때 기분을 "청춘 시절을 마무리하는 느낌"

이라며 "중요한 것은 내가 쉬지 않고 뛰고 있다는 사실이다"라고 했다. 사람들은 현역이 아니면 뛰는 것이 아니라고 생각하는 경향이 있는 것 같다. 나이가 들어서 현직에서 물러나야 하는 것은 경제적 문제뿐만 아니라 심리적으로도 큰 변화다. 은퇴할 때가 되면 '막막하다'는 말을 많이 한다. 사전에는 쓸쓸하고 외롭다는 뜻의 '막막(寞寞)'과 사막처럼 넓거나 멀어 아득하다는 뜻의 '막막(漠漠)'이 있는데, 한자의 뜻만 보아도 어떤 심정인지 느낌이 온다. 이정표도 없는 넓은 사막 한가운데서 어느 방향으로 얼마만큼 가야 하는지 짐작조차 할 수 없이 쓸쓸하게 혼자 서 있는 모습 말이다.

나는 학창 시절에 그림을 못 그려서 미술 시간을 싫어했다. 그랬던 내가 최근에 예쁜 꽃이나 멋진 도시들을 보면 그려보고 싶다는 생각이 들어 문화센터 미술반에 등록했다. 첫날 배운 것은 도화지에 선 하나를 긋는 것이었다. 미술반 강사님이 말하기를 "사람들이 빈 도화지를 보면 막막해서 뭘 그릴 엄두를 못 낸다"고 했다. 아무것도 없는 도화지에 선 하나를 긋는 것은 구도 배치를 위한 것도 있지만, 시작할 수 있는 자신감을 준다고 했다.

우리는 그동안 자기 꿈이나 의지와 관계없이 패턴화된 삶을 살아왔다. 초등학교, 중학교, 고등학교, 대학교를 졸업하고, 취직해서 대리, 과장, 부장을 거쳐 퇴직하면 다음 30년은 어떻게 할 것인가? 평생 객관식이나 단답형 문제만 풀다가 갑자기 백지 시험지를 받아든 기분이 들 것이다. 아는 길도 내비게이션에 의지해서 운전하는 우리는 초록불엔 진행, 빨간불엔 정지, 제한 속도에 맞춰 도로를 달려왔다. 이제는 나만의 지도를 펼쳐야 한다. 차선을 그리고 속도를 정하고, 이 길이 아니면 유턴하면 된다. 그러기 위해 제일 먼저 할 일은 막막한 마음에 방향을 정하고 선을 긋는 일부터 시작하는 것이다.

은퇴는 돈, 일, 건강, 취미, 관계, 마음가짐에 대해 알아야 한다

노인 문제는 흔히 '4고(苦)'로 표현된다. 빈곤(貧困), 질병(疾病), 고독(孤獨), 무위(無爲), 이 네 가지를 피하고 노후에 행복해지려면 어떻게 준비해야 할까? 은퇴할 때 흔히 노후 자금을 강조하지만, 이는 노인의 네 가지 고통 중 한 가지인 빈곤만을 해결할 수 있다. 질병은 건강해야 피할 수 있고, 고독은 가족, 친구들과 관계가 좋아야 피할 수 있고, 무위는 일을 함으로써 예방할 수 있다. 명상가, 철학자, 은퇴 전문가들도 행복의 조건에는 돈, 일, 건강, 취미, 관계 모두가 필요하다고 말한다.

인간의 욕구에는 무엇이 있을까? 미국의 심리학자 매슬로는 인간의 욕구를 5단계로 설명한다. 첫 번째 단계는 먹고, 자고, 입는 등 사람의 기본적인 본능을 충족시키는 '생리적 욕구(Physiological need)'이다. 먹는다는 것은 어떤 의미일까? 누군가는 먹는 즐거움을 위해 살고, 누군가는 살기 위해 먹는다. 우리 속담 중에 '목구멍이 포도청이다', '사흘을 굶으면 남의 집 담을 넘는다'는 말이 있다. 체면이고 뭐고, 포도청에 잡혀가 고생을 하더라도 먹고살아야 한다는 뜻이다. 그렇다고 입고, 먹고, 잘 수만 있다면 만족할 수 있을까?

두 번째 단계는 위험한 환경으로부터 몸과 마음을 보호받고 싶은 '안전의 욕구(Safety need)'이다. 인간은 의식주가 해결되면 공포·불안감으로부터 안전이 보장되는 삶을 원한다. 회사 동료가 승진하고 잘나갈 때, 직장을 그만두고 직책을 내려놔야 할 때 사람들은 박탈감을 느끼고, 그 상황을 회피하고 싶어진다. '사촌이 땅을 사면 배가 아프다'는 옛말이 있듯이 사람들은 나와 비슷한 사람이 성공하는 모습을 볼 때 심리적 불안감을 느낀다. 알랭드 보통은 "불안함이란 욕망의 하녀다"라고 말했다. 남과 비교하고 시기하는 마음은 자신을 위협하는 불안 요소가 된다.

세 번째 단계는 가족, 친구, 사람들과 사랑을 나누고 싶은 '소속과 애정의 욕구(Need for love and belonging)'이다. 아리스토텔레스는 '인간은 사회적 동물'이라고 했다. '식구'란 밥을 같이 먹는 사람들이고, '밥 먹다가 정든다'라는 말은 소속감을 의미한다. 최근 '혼밥', '혼술'이 유행처럼 되어 있지만, 사실은 이들도 누가 묻지 않아도 SNS를 통해 내가 뭘 먹었고, 어디에 갔는지를 알리고, '좋아요'의 개수를 확인하며 누군가의 관심을 바라고 있다.

네 번째 단계는 명예와 권력을 추구하려는 '존경의 욕구(Need for esteem/respect)'이다. 로버트 그린은 "존경이란 당신의 업적을 통해서 얻는 것이지, 인간이라는 이유만으로 무조건 주어지지 않는다"고 했고, 캘빈 쿨리지도 "자신이 받았던 것으로 존경받는 것이 아니라, 자신이 베푼 것에 대한 보답으로 존경을 받는다"고 했다. 직장에서 밤낮 일에 묻혀 살면서 승진하고, 임원이 되고 싶었던 것은 단지 돈 때문만은 아니었을 것이다.

다섯 번째는 최고 높은 단계인 '자아실현 욕구(Self-actualization needs)'이다. 자아실현의 욕구는 좋아하는 운동을 할 때, 독서에 빠져들 때, 일상에서 자신이 좋아하는 일을 할 때 찾을 수 있다. 다른 사람에게 손길을 나눠주는 것도 자아실현 욕구를 충족시켜준다. 재능기부 또는 힘든 봉사활동을 하면서 도움을 받은 사람보다 도와주는 사람이 보람을 느끼고 행복해하는 모습을 우리는 볼 수 있다. 자아실현까지의 단계는 저마다의 가치관에 따라 우선순위와 비중이 다를 수 있다.

자신을 돌볼 틈도 없이 정신없이 일만 하다가 나중에 은퇴한 다음에 행복하게 살겠다는 생각은 행복을 다음으로 미루는 것이다. 가족의 생계와 회사의 실적을 위해 살다가 정년퇴직을 맞으면, 예정대로라고 해도 허탈하고 후회스럽다. 전력질주하던 일에서 떨어져나와 자신의 존재 가치를 잃고, 사람들과 연락을 끊고 지내다 무연고 사망하는 사건도 종종 일어난다. 심리학자 칼 로저

스는 "책임감이 강한 사람으로 살아가는 것도 중요하지만, 자신을 돌보는 데 죄책감을 느끼지 않는 것이 더 중요하다"라고 했다. 직장과 일에 쏟았던 열정과 시간을 어디에 쓰고 싶은지 생각해보자. 월급통장과 직함이 없어졌다고 내가 없어지는 건 아니다. 인간의 삶은 연속적이고 변화한다. 은퇴와 나이 듦에 맞춰 내면의 욕구도 살펴보고, 구체적인 인생을 구상해보자.

그렇다면 행복은 어디에서 오는걸까? 철학자 칸트는 할 일이 있고, 사랑하는 사람이 있고, 희망이 있다면 행복한 사람이라고 했다. 내가 하고 싶은 일과 좋아하는 것과 내가 보람을 느끼는 일은 무엇인지, 내 스스로에게 물어봐줘야 한다. 베이비부머 세대라면 "일하면서 싸우고, 싸우면서 일하자!"라는 구호를 기억할 것이다. 이제는 "일하면서 행복하고, 행복해서 일한다!"로 그 생각을 바꿔야 한다.

철학자 플라톤은 행복의 조건 다섯 가지로 재산, 용모, 명예, 체력, 언변을 꼽았다. 그에 따르면 첫째, 재산은 약간 부족하다 싶은 정도가 좋다. 둘째, 용모는 사람들 모두가 칭찬할 정도가 아닌 것이 좋다. 셋째, 명예는 사람들의 절반 정도가 알아주면 좋다. 넷째, 체력은 셋과 경쟁해서 한 명은 이기고, 두 명에게 지는 정도가 좋다. 다섯째, 언변은 청중 절반은 손뼉을 치지 않을 정도가 좋다. 이렇듯 플라톤이 말한 행복의 조건은 약간 부족한 정도를 말한다. 돈이나 외모 등 모든 것이 완벽하면 자만심이 생기고, 이는 다른 사람의 시기와 화를 부르기도 한다. 지금까지 치열하게 경쟁 속에서 살았다면 노후 생활은 플라톤이 제시하는 부족한 듯하지만, 소소하고 확실한 행복인 '소확행'은 어떨까?

은퇴 시기가 다가오면 전성기가 끝났다는 불안감이 생기면서 '안전의 욕구'가 떨어진다. 과거를 그리워하고, 다시는 그 시절만큼 잘할 수 없다는 절망감에 빠지기도 한다. 대부분의 사람들이 비슷한 스트레스를 겪지만, 대처 방법에 따라 스트레스는 낮출 수 있다. 한국보건사회연구원의 〈2017 노인 일자리 정책 효과 분석연구〉[2]에 의하면 시장형 노인 일자리 사업에 참여한 사람이 그렇지 않은 사람에 비해 우울감은 낮고, 자존감과 삶의 만족감은 높게 나왔다. 일하기 시작하면서 병원비도 85만 원 정도 절감된 것으로 나타났다. 일을 한다는 것은 삶의 활력이 되기 때문에 건강에도 영향을 미친다. 일자리 사업에 참여했던 노인들은 "단지 돈 때문이 아니라 출근해서 일할 수 있다는 자체가 좋다", "손주들 용돈을 줄 수 있어 좋다"라며 경제적으로도 보탬이 되고 나이가 많아도 사회에 의미 있는 일을 할 수 있어서 보람을 느낀다고 반응했다.

누구나 의미 있는 삶을 살고 싶어 한다. "우리들은 모두 무엇이 되고 싶다. 너는 나에게 나는 너에게 잊혀지지 않는 하나의 눈짓이 되고 싶다" 김춘수 시인의 '꽃'이라는 시의 한 구절처럼 사람은 혼

---

2) 위은지 기자, '팔순의 근로자 "일하니 더 건강해져"', 〈동아닷컴〉, 2019년 11월 26일자 기사 참조.

자서는 살아갈 수 없는 존재이다. 빛깔과 향기에 알맞은 이름, 그 이름을 불러주었을 때 누군가에게 꽃이 되는 그런 관계 속에서 의미 있는 자아를 발견한다. 행복을 위해 돈과 일만이 중요하지 않다. 서로 사랑하며 함께하는 인생이 아름다운 '꽃'이 되는 것이다.

은퇴 후 삶에서 성공하는 사람의
공통점은 무엇인가?

나이가 들면 어느 직장이든 어떤 직책이든 은퇴를 하게 된다. 은퇴가 갑작스러운 사건은 아니지만, 힘든 일상에 치이면서 은퇴 후를 대비한다는 것은 쉽지 않은 일이다. 근로 지향적인 현대 사회에서 20년 이상 계속했던 일을 중단한다는 것은 인생에 큰 변화와 영향을 끼친다. 사회학자 로버트 애칠리는 은퇴 과정을 다음의 단계로 구분했다.

> 1. **은퇴 이전** : 은퇴가 예정되고 시기가 임박하면 은퇴에 대한 정보 수집과 계획을 세운다.
> 2. **은퇴 사건** : 퇴임식을 하며 지인들의 축하를 받는다.
> 3. **밀월기** : 일에 대한 압박감에서 벗어나 자유로운 생활을 하며 누린다.

4. **환멸기** : 자유로움은 없어지고, 삶의 목표가 명확하지 않다는 생각에 불행하다고 느낀다.
5. **재지향기** : 은퇴 후 일에 대한 부담감이 다시 생기며 이것이 수개월 지속되기도 한다.
6. **적응기** : 은퇴 후 생활에 점차 적응하고, 현실적이며 만족스러운 생활양식을 확립한다.

몇십 년간 익숙했던 직장을 떠나 낯선 곳으로 이동한다는 것이 쉬운 일은 아니다. 많은 사람들은 상실감을 떨쳐내지 못하고 삶에 흥미를 잃거나 우울감에 빠진다. 은퇴 후의 상실은 경제적인 문제뿐만 아니라, 사회적 역할과 인간관계의 상실을 의미한다. 역할이 없어졌다는 것은 홀가분하기보다는 허탈감과 박탈감으로 인한 심리적 고통을 동반한다. 그렇기 때문에 은퇴 후에 대한 심리적 준비는 고통과 슬픔을 줄이고, 현실적이고 새로운 일상을 찾기 위해 반드시 필요하다. 변화의 고통과 힘겨운 시간을 잘 극복하면, 마음먹기에 따라 은퇴라는 것은 이전 삶과는 다른 새로운 삶에 도전해볼 수 있는 기회다. 그 기회를 잡기 위해 다음과 같은 준비가 필요하다.

은퇴 후 나의 모습을 상상만 하지 말고 실제화한다

은퇴 준비가 제대로 안 된 사람은 은퇴를 자기 일로 실감하지 못한다. 20년, 30년 후의 자기 모습을 생생하게 느끼기 위해서는 구체적으로 예측하고 진단해야 한다. '어떻게 되겠지, 산 입에 거미줄 치겠어'라는 막연한 생각과 무관심으로 시간을 보내서는 안 된다. 반대로 '어떻게 살아갈까? 혹 아프지 않을까? 먹고살 만한 돈은 될까?' 걱정만 하는 것은 에너지를 고갈시킬 뿐이다. 걱정과 두려움은 아무 힘도 되지 않는다. 은퇴를 남 일처럼 막연한 미래로 내버려두지 말고 내게 다가오고 있는 구체적인 현실로 받아들여야 한다.

장기적이고 구체적인 계획을 세운다

95세 한 노인이 어학공부를 시작했다. 그 이유는 "105번째 생일날 95살 때 왜 아무것도 시작하지 않았는지 후회하지 않기 위해서"라고 했다. 그는 60세에 퇴직 후 이제 다 살았다, 남은 인생은 덤이다 하는 생각으로 고통 없이 죽기만을 기다리며 무려 35년을 살았다. 그는 "퇴직할 때 앞으로 35년을 더 살 수 있다고 생각했다면 난 정말 그렇게 살지는 않았을 것이다"라며 후회했다고 한다. '100세 시대'가 먼 이야기가 아니고, 우리도 100세까지 살 수 있다. 미래에 대한 계획 없이 하루하루 죽을 날만 기다리면서 산다면 나중에 후회할 수도 있다.

직장생활을 하면서 사전조사를 철저히 한다

성공의 첫걸음은 관심이다. 목적을 이루려면 관심이 있어야 한다. 관심을 가지면 더 알고 싶어지고, 알게 되면 해보고 싶어진다. 평소에 어떤 분야가 있는지 살펴보고, 관련 자료도 찾아보면서 직접 체험해보는 시도가 필요하다. 직장이 없어진다고 해서 나만의 경력과 내공이 쌓인 직업마저 없어지는 것은 아니다. 퇴직을 하면 무엇을 할지 직장생활에서부터 적극적으로 고민해야 한다.

직접 발로 뛰면서 경험을 다진다

책을 통해 전문지식을 쌓고 머릿속으로 아이디어를 짜내는 것도 필요하지만, 그 분야가 나에게 맞는지 직접 해보는 것도 중요하다. 창업을 하려면 적어도 몇 년은 준비한 다음에 시작해야 한다. 간단히 생각하고 치킨집을 덜렁 차리면 퇴직금도 날리고, 오히려 빚을 져서 회복하기 힘들다. 치킨집 창업의 경우 열 명이 시작하면 일곱 명 이상이 실패한다는데, 성공한 사람의 비결을 들어보니 퇴직 3년 전부터 틈틈이 치킨집에서 아르바이트를 하며 일을 배우고, 전국의 유명한 치킨집을 돌아다니며 시식도 하고, 맛을 개발하는 등 부단히 노력했다고 한다.

내가 하고 싶은 일을 즐겁게 한다

재취업이든 창업이든 이전 수입에 비교하면 만족도가 떨어지는데, 적성까지 맞지 않는다면 극심한 우울증이나 무력감에 빠질 수있다. 수입이 많지 않다면 재미가 있거나 운동이 되거나 충족되는부분이 하나라도 있어야 즐겁게 할 수 있다. 변화에 대해 긍정적이고 정신력이 강한 사람은 강점을 가진 행복한 사람이다.

나만의 성공 기준, 방향과 속도를 정한다

살아오면서 가장 소중하게 생각하고 꼭 이루고 싶었던 것은 무엇인지 떠올려보자. 돌이켜보면 내 인생 여정에서도 어린 시절 꿈과 청년 시절 목표는 달라졌다. 젊은 시절에는 체력과 건강이 영원한 듯 몸을 사리지 않고 일할 수 있었고, 지금은 순발력은 떨어졌지만 인내심과 지혜는 늘어났다. 세월은 자신의 나이 속도만큼빨리 지나간다고들 한다. 이제는 건강을 지키는 것이 성공이다.

생각만 하지 말고 결단력을 갖고 실행에 옮긴다

71세 박막례 할머니는 구독자가 100만이 넘는 유튜버다. 할머니는 젊어서부터 막노동, 장사, 식당일 등 안 해본 일이 없다. 할머니가 치매 진단을 받게 되자 손녀가 할머니와 추억을 쌓기 위해함께 호주 여행을 하고, 그 영상을 인터넷에 올렸다. 할머니는 생전 처음 가본 해외여행지에서 "여기 못 보고 죽은 사람은 얼마나 억울할까" 하고 감탄했다고 한다. 대부분 나이가 들면 누가 어디를 가자고 해도 "못 간다. 다 늙어서 그거 보면 뭐 하냐"라며 따라나설 엄두조차 안 낸다. 할머니가 여행길에 나서지 않았다면 여행에서 봤던 멋진 광경이 세상에 존재하는 줄도 몰랐을 것이다. 내일 죽는다고 해도 아름다운 순간을 보려는 열정이 있어야 한다.

늦은 나이란 없다. 지금부터 되는 만큼만 하면 된다

한글도 모르던 한 할머니가 시인이 되었다. 81세의 시인 정을순 할머니는 80세가 다 되어 한글을 배우기 시작했다. 할머니는 "오만 군데 한글이 숨어 있다는 것을 알게 되었다. 낫, 호미, 괭이 속에 'ㄱ', 부침개 접시에 'ㅇ'"이라고 표현하며, 한글을 기계처럼 익힌 우리가 발견하지 못하고 느끼지 못한 것을 표현해낸다. 할머니처럼 시집 출판을 하지 않더라도, 열심히 일상에서 행복을 찾아내면 그 자체가 '시적인 삶'이다. 시를 쓰려면 한글을 깨치는 것부터 시작하듯, 어떤 일이든 기본적인 것부터 시도해보자. '시작이 반'이라고 했으니, 무엇이든 시작만 하면 내일 죽는다고 해도 이미 반은 성공한 것이다.

뒷짐지지 말고, 나서야 한다

우리가 살고 있는 세상은 4차 산업혁명 시대에 인공지능 로봇이 발달되고 있고, 햄버거집, 커피전문점, 주유소 등 곳곳에 무인 계산대(키오스크)가 늘어나고 있다. 무인주문 시스템이 불편하다고 피하면 아무것도 할 수 없다. 기계치이든, 컴맹이든 "이 나이에 노인이 그거 배워서 뭐해"라며 뒷짐지고 부탁하는 게 아니라, 적극적으로 나서서 사용법을 배워야 한다. 변화하는 세상에서 첨단기기는 누구에게나 처음이다. 젊은 사람들은 습득이 빠르겠지만, 나이 들면 습득이 더딘 것은 당연하다. 늘 배워서 활용하려고 노력하고, 젊은이들에게 정중한 태도로 부탁하면서 고마운 마음을 표시하면 된다.

나는 살아있다, 고로 사랑하면서 살아간다

사람에게는 끊임없이 사랑받는 존재가 되고 싶은 욕구가 있다. 나이가 들고 죽음에 가까워질수록 그 본질적인 욕구는 더 강해진다고 한다. 남들이 부러워하는 돈과 권력과 명예를 갖고 있더라도 스스로 만족하지 못하면 의미가 없다. 성공은 자기만족에서부터 시작된다. 자기 분야에서 나름대로 최선을 다하고 경력을 쌓아가며 자기 삶에 만족할 수 있으면 된다. 자신을 사랑하고, 긍정적인 철학과 소신을 갖고 남을 배려할 수 있다면 성공한 삶이다.

은퇴 후의 막연한 걱정을 구체적으로
적어보면 미래가 보인다

　은퇴한 이들에게 미래 준비에 대해 물어보면 많은 사람들이 "좋은 시절 다 갔다", "한 것도 없이 어느새 늙었다", "이젠 뭐하고 사나?" 등 후회와 한탄, 걱정만 늘어놓는다. 걱정이란 어떤 일이 잘못될까 불안해하며 두려워하는 마음이다. 일단 막막하고 불안한 상태에서 주저앉아 있지 말아야 한다. 은퇴 후를 준비할 때 가장 중요한 것은 꼭 하고 싶은 것이 무엇인지 아는 것이다. 그게 무엇인지 발견하고, 목적의식이 생긴다면 은퇴 준비의 반은 이룬 것이다. 인생에 있어서 무엇이 환상일 뿐이고, 무엇이 실현 가능한 현실인지 구체적으로 생각해보자.

　그러려면 일단 자신의 기본적인 욕구를 명확히 하면서, 완성된 하루를 마음속에 그림으로 그릴 수 있어야 한다. '내가 무엇이 되고 싶은지' 스스로에게 묻는 것은 매우 중요하다. 매일 자신에게 질문하는 것으로부터 위대한 이론과 업적이 탄생되었다. 다윈은 "신이 인간을 창조한 것이 사실일까?"라는 질문을 통해 '진화론'을 만들어냈고, 뉴턴은 "왜 사과는 항상 아래로 떨어질까?"라는 질문을 통해 '만유인력의 법칙'을 만들어냈다.

불안의 가장 큰 요인은 불확실성이다. 노후 준비에 필요한 자금은 숫자로 제시되어 있기 때문에 자산이 충분한지 부족한지 가늠할 수 있다. 심리적인 부분도 마찬가지다. 정신과 전문의들은 우울증에 대해 우울한 척도를 숫자로 표시하면 환자가 자신의 심각한 정도를 이해하기 쉽다고 말한다. 건강 상태도 몸무게와 키, 혈압과 맥박수, 혈당수치 등 숫자와 구체적인 설명을 통해 알 수 있다. 자신의 꿈 또한 현실적으로 구체화시켜야 그 실현 가능성이 높아진다. 그렇다면 어떻게 해야 자신의 꿈을 찾고 구체화시킬 수 있을까? 그 방법은 머릿속이나 마음속에 피어오르는 생각들을 바깥으로 끄집어내는 것이다. 예술가의 상상도 끄집어내서 표현해야 시(詩)가 되고, 그림이 되고, 명작이 탄생한다. 내가 원하는 것이 일이든 취미든 머릿속에 있는 생각을 끄집어내서 종이에 써보자. 쓴 내용을 보면 자신의 생각을 객관적으로 바라볼 수 있고 '꼭해야 할 것'과, '버려야 할 것' 등 선택과 집중을 할 수 있다.

퇴직 후 사라지는 부분을 무언가로 채우고 싶다면, 내가 원하는 삶과 어떤 일이 나를 행복하게 하는지 글로 적어보자. 말이나 글로도 표현할 수 없는 것을 이룬다는 것은 어렵다. 은퇴하면 가장 크게 변화하는 것은 무엇일까? 변화에 대처하는 방법은 변화를 회피하지 않고 실상을 파악하는 것이다. 시간, 활동 범위, 내 곁에 누가 떠나고 누가 남아 있을 것인가? 하루 용돈은 얼마 정도 쓸 수 있을까? 급격히 악화될 지병은 없는가? 등 모든 면에서 예상해보자. 단순히 앞날을 미리 걱정하는 것과는 다른 생각이어야 한다. 생각조차 하기 싫은 일도 있겠지만, 그 부분을 회피하지 않고 싫은 일의 원인을 최소화시키는 것이 은퇴 생활에서는 꼭 필요하다. 다음과 같이 걱정되는 일 몇 가지를 구체적으로 질문해보자.

첫째, 명함의 빈자리다. 그 빈자리, 내 이름 앞에 붙이고 싶은 수식어는 무엇인가? 내가 갖고 싶은 소중한 가치를 표현한다면 무엇일까? 나는 은퇴 후 나를 어떤 사람으로 소개하고 싶은가? 둘째, 급여통장의 빈 잔고를 떠올려보자. 은퇴 전후 수입과 지출의 차이를 구체적으로 계산해보고, 부족한 부분은 어떻게 해결할 것인가 생각한다. 덜 써야 할 항목, 지출 규모를 줄이는 방법, 소비 품목에서 없앨 부분 등으로 구분해서 작성해본다. 셋째, 관계의 빈 둥지를 떠올려보자. 내 곁에는 어떤 사람들이 떠나고 남는가? 나와 배우자는 함께할 취미나 성향이 맞는가? 나와 배우자는 어디서 무엇을 하며 시간을 보낼 것인가? 자녀를 독립시킬 때 어떤 준비를 해야 할까? 더불어 휴대전화에 저장되어 있는 연락처를 살펴보고, 거래처인지 은퇴 후에도 나와 함께할 사람인지 체크해보자. 직장뿐만 아니라 은퇴 후에는 가정 내에서도 자녀의 독립, 결혼 후 분가 등 환경이 많이 바뀔 것이다. 이런 부분은 가족과 함께 구체적으로 의논하고 준비해야 한다.

이렇게 걱정되거나 변화될 부분(돈, 일, 관계, 건강 등)에 대해 되도록 많이 생각하고 표출해본다. '닥쳤을 때 알아서 하면 되지' 하는 생각은 젊었을 때는 가능할 수 있지만, 지금도 그런 마음자세를 갖고 있다면 변해야 한다. 우리 인생을 여행이라고 치면, 내비게이션에 목적지를 입력하는 것이 시작이다. 그래야 거리가 얼마나 되는지, 기름을 얼마나 넣어야 할지 알고 준비해서 출발할 수 있다. 이렇게 만반의 준비를 하고 출발해도, 가다보면 다른 길로 갈 수도 있고, 길을 잃기도 한다. 자동차는 목적지가 없으면 움직일 일도 없고, 그러다 나중에는 시동도 안 걸려서 폐차 신세가 되는데, 이것은 우리 인생도 비슷하다.

비슷한 규모의 자산을 갖고 있어도 누구에게는 살 만한 인생이지만, 누구에게는 초라한 인생이다. 사람들은 왜 걱정을 할까? 걱정이 없는 사람은 없을 것이다. 걱정이 있다는 사실은 다름이 없는데 그 걱정을 키우느냐, 걱정의 실체를 밝혀 줄이거나 해결해 나가는 방법을 찾느냐의 차이가 있을 뿐이다. 평소 자신의 성향이 어떤지도 생각해보고, 너무 고민에 빠져 일을 추진하지 못하는 성격은 아닌지 생각해봐야 한다. 우선 나에게 어떤 변화가 생길지 적어본다. '퇴직하면 수입이 없거나 줄어드니 집도 줄여야 하고, 고급 중형차는 유지비가 부담된다. 경차로 바꾼다면 어쩐지 체면이 구겨지고 자존심이 상할 것 같다. 자녀 학자금과 결혼 비용, 대출 상환 등을 대비해야 하는데 연금만으로는 감당할 방법이 없다.

회사 다닐 때는 죽도록 일해서 돈 벌고, 승진 준비하느라 시간이 없어서 아무것도 하지 못했다. 내가 평생 갈망했던 건 해보지도 못하고 이대로 죽으면 인생이 너무 허무하다. 병들어 자식들에게 부담주지 않으려면 요양원에 가야 된다' 등등. 이렇게 생각하면 오만가지가 다 걱정이고, 세상에 걱정 아닌 것이 없다. 걱정과 변화를 나를 향한 물음으로 바꿔보자. '나는 그것이 꼭 필요한가? 필요하다면 왜 필요한가? 얼마만큼 필요한가? 버릴 수는 없는가? 지켜야 할 가치가 있는가? 다른 수단이나 방법은 없는가? 지키려면 나는 어떻게 해야 하는가? 남의 시선이 중요한가, 아니면 내 실속이 중요한가? 언제까지 남을 의식하며 살 것인가?'

세상에는 걱정 없는 사람도 없고, 생각해보면 늘 걱정이 있는 것도 아니고, 그렇다고 늘 없는 것도 아니다. 걱정조차 안 하는 것보다는 걱정도 잘 풀어나가면 불확실하고 힘든 상황을 해결하는 실마리가 된다. 걱정을 잘 들여다보면 실체와 다른 내용으로 인식하는 때도 있다. 돈이 많아도 충분하지 않다고 걱정되면 사실 그건 돈이 아니라 다른 문제일 수도 있다. 재산 분배 문제로 가족들이 싸운다거나, 자식이 돈만 바라는 것 같은 배신감 때문일 수도 있다. 이때 걱정의 근원은 경제적인 문제라기보다 심리적인 문제인 것이다. 걱정을 가만히 들여다보면 그 답이 보인다.

미래(未來)는 아직 오지 않은 내일이다. 은퇴를 앞두고 불안감을 느끼는 것은 앞일을 모르기 때문이다. 모르면서 미리 두려워하고 불안해할 필요는 없다. 불안하다는 것은 내가 부정적으로 미래를 상상하고 있기 때문이다. 불안한 요소가 보이면 바꾸려고 노력하면 되고, 노력하는 순간만큼은 에너지를 뺏기지 않는다. 나는 뛰면서 생각하고, 즐겁게 놀면서 생각할 때 가장 긍정적이고 좋은 아이디어가 떠오르는 편이다. 방에서 이불을 쓰고 누워서 걱정할 때는 한없이 절망의 나락으로 빠져 일어나고 싶은 마음조차 생기지 않는다. 박차고 나가보면 걷게 되고, 걷다보면 어디에든 가 있는 자신을 발견할 것이다. 내 인생의 새로운 비전을 세우고, 그것을 주시하며 실행하자. 그곳에 나의 궁극적인 미래가 있다.

평범한 사람이 은퇴 준비를
잘하는 비결

목표와 방향을 정했다면 어떻게 해야 원하는 것을 해낼 수 있을까? 위인들, 성공한 사람들의 공통점은 실천가였다는 점이다. 단지 천재성과 특별한 환경 속에서만 그 성공을 이룬 것이 아니다. 그들은 할 일과 안 해도 될 일을 구분해 계획하고, 해야 할 것은 꾸준히 하는 습관을 갖고 있었다. 습관이란 스스로 정한 목표를 꾸준히, 계속해서 반복하는 것이다. 운동을 하는 것도 습관이고, 저축 또한 절약하는 습관을 통해 이루어진다.

영국의 낭만주의 시인 윌리엄 워즈워스는 "인간은 결심에 의해서 올바르게 되어가는 것이 아니라 습관에 의해서 올바른 모습을 갖추어나가게 되는 것이다"라고 했다. 조선시대 정조는 "모든 일에는 시작이 있으면 반드시 마무리가 있어야 한다. 나는 보통 일이라 할지라도 반드시 끝마무리를 구한다. 심지어 글씨를 쓰거나 오락하는 것까지도 시작만 있고 끝마무리가 없는 적이 없었다. 일은 완벽하기를 요구하지 말고, 말은 다하려고 하지 마라"라는 문구를 가슴에 새기고, 글로 써서 붙여놓고 날마다 살폈다고 한다. 정조는 매일의 그러한 점검이 심신에 도움이 된다고 했다.

성공하는 습관과 실패하는 습관을 결정짓는 특별한 방법이 있다. 미국의 사회경제학자 랜달 벨 박사는 다양한 분야에서 성공한 사람들 5,000명을 대상으로 조사한 결과 다음과 같이 '성공한 사람들의 일곱 가지 습관'을 정리했다.

1. 하루에 단 15분이라도 꼭 운동을 한다
페이스북의 창업자 마크 저커버그와 미국의 방송인 오프라 윈프리처럼 일정이 바쁜 유명인들도 매일 빠지지 않고 운동을 한다고 한다.

2. 정리 정돈을 잘한다
지위가 높은 사람일수록 주변이 잘 정돈되어 있고, 아침에 일어나 침대를 정리하는 사람이 부자가 될 확률이 2배 이상 높다고 한다.

3. 성공한 사람들은 아침에 일찍 일어난다
토마스 콜레이는 자수성가한 부자 177명을 분석한 결과 부자의

절반가량이 그들의 업무가 시작되기 최소 3시간 전에 기상한다고
밝혔다. 애플사의 팀 쿡 CEO를 비롯한 성공한 지도자들은 아침
일찍 일어나 업무를 준비했다고 한다.

4. 독서를 많이 하는 사람은 부자가 될 확률이 높다

일 년에 책을 일곱 권 이상 읽는 사람이 책을 한 권도 읽지 않
거나 세 권 미만으로 읽은 사람에 비해 성공할 가능성이 높다고
한다. 빌 게이츠는 일 년에 50권 이상의 책을 읽고, 투자의 귀재로
불리는 워런 버핏도 하루 중 많은 시간을 책을 읽으면서 보낸다고
한다.

5. 가화만사성(家和萬事成), 가정이 화목해야 한다

가족과 정기적으로 저녁식사를 함께하는 사람이 성공할 가능성
이 높고, 소득을 올릴 확률도 많다고 한다. 가정이 행복하고 편안
하면 하는 일이 순조롭고 잘 풀리며 행복감을 느낀다. 매일 함께
하는 가족과의 관계가 불편하다면 성공해도 반쪽 성공이나 마찬가
지다.

6. 메모를 잘하는 사람은 성공할 확률이 높다

일을 잘하고 성공한 리더들은 일정뿐만 아니라 좋은 아이디어
가 떠오르면 반드시 메모하는 습관이 있다. 영국 항공사 버진그룹
의 회장 리처드 브랜슨도 메모광으로 알려져 있다. 그는 어린 시

절에 난독증이 있어서 글을 읽고 쓰는 것조차 어려웠지만, 메모하는 습관 덕분에 독창적인 아이디어를 추진력으로 연결해 성공한 리더가 되었다.

7. 바른 언어와 태도로 감사를 표현하는 습관이 성공을 부른다

평소 인간 관계에 있어서 말 한마디와 사소한 배려가 사람들에게 호감과 신뢰를 준다. 내 생일을 기억하고 관심과 정성이 담긴 생일카드를 보내오거나, 내가 베푼 사소한 배려라도 고마움을 표현하는 사람을 싫어하는 사람은 없다.

우리가 직장 생활을 20년 이상 한결같이 해낼 수 있었던 힘은 사회 속에서 타인과의 약속을 잘 지켰기 때문이다. 사람들은 남의 나쁜 버릇이나 습관은 잘 지적하면서도 자신에게는 관대하다고 한다. 은퇴 후 생활은 철저한 자기 관리가 필요하다. 그만큼 자신과의 약속을 얼마나 잘 지키느냐가 중요하다. 사람이 늘 긴장하며 살 수는 없지만, 규칙적으로 생활하고 좋은 습관을 많이 만들며 생활하는 것이 노후를 행복하게 만들어줄 것이다. 회사에 다닐 때는 업무규칙, 상사의 눈치와 성과평가 등이 나를 관리했다. 그러나 이제는 상사도 없고, 성과에 신경 쓸 필요도 없다. 게을러지고 목표에 대한 성취 욕구가 흐트러지면 몸도 마음도 흐지부지하게 되고, 결국 삶의 의미조차 잃게 될 수 있다. 아무것도 하지 않으면 아무 일도 일어나지 않는다. 나 자신이 기준이고, 나를 평가

하는 판사이다. 정조가 자기 관리를 위해 글을 써놓고 날마다 살폈듯이, 훌륭한 왕이 될 것인지, 자신이 계획한 규칙을 파괴하는 폭군이 될 것인지는 나에게 달렸다. 나는 나의 주인공이고, 왕임을 잊지 말자. 하루하루 의미 있고 성실하게 보낸 결과는 내 인생의 판결문에 남아 있을 것이다.

성공한 사람들은 여러 가지 일을 모두 다 잘해내는 것처럼 보이지만, 오히려 반대라고 한다. 그들은 한 번에 여러 가지 일을 처리하는 것보다 우선순위를 정해 하나씩 처리하는 습관을 갖고 있다고 한다. 도스토옙스키는 "습관은 인간이 그 어떤 일도 할 수 있게 만들어준다"라고 했고, 공자는 "인간의 타고난 본성은 모두 비슷하지만, 습관에 의해 달라진다"라고 했다. 우리 속담에도 "천 리 길도 한 걸음부터", "구슬이 서 말이라도 꿰어야 보배"라는 말이 있다. 구슬을 하나씩 하나씩 끼우듯 꾸준히 실천하면 값진 진주 목걸이 같은 성공의 결과물을 얻을 수 있다. 그러기 위해 구체적으로 다음의 방법을 실천해보면 큰 도움이 될 것이다.

실천하면 도움이 되는 습관

1. 목표를 월별, 주별, 요일별, 오전·오후로 세분화한다.
2. 매일 정한 일을 적어서 잘 보이는 곳에 붙여둔다.

---

3. 잠자리에 들기 전, 오늘 한 일을 점검하고 내일 할 일을 미리 체크한다.
4. 매일 한 만큼 "오늘 잘했어", "내일 또 해보자"라고 자신에게 말해준다.
5. 가족, 지인들에게 계획과 결과를 알리고, 칭찬과 지지를 받는다.
6. 함께할 수 있는 사람이 있으면 정보 공유도 하고 서로 의지한다.
7. 목표를 달성한 날에는 '자축 파티' 또는 '나에게 선물'을 한다.
8. 못한 것은 "괜찮아" "여기까지 잘했어"라고 스스로를 다독인다.

은퇴 후 인생 목표는 내가 하고 싶은 일이고 내가 하겠다고 스스로 정한 목표다. 숨쉬기를 하듯이, 하루 세끼를 먹듯이, 아침에 눈 뜨고 저녁에 잠자리에 들 듯이, 일상 속에서 차근차근해보자. 매일 '영어 한 문장 외우기', '좋은 글 필사하기', '윗몸 일으키기 15개', '매주 화요일은 컴퓨터 강좌' 등 자신의 다짐을 냉장고나 침대 머리맡에 붙여놓고 실천한다. 잘하면 잘한 만큼 자축을 하자. 100일 동안 꾸준히 실행했다면 '100일 축하주' 또는 '축하 선물 사기' 등 프로그램화한다. 마치 학교에서 표창을 받고, 직장에서 성과급을 받듯이 삶의 활력소가 될 것이다. 내가 나에게 하는 칭찬은 자존감 향상을 위한 최고의 비결이다.

우리 엄마와 주변 친구분들의 가장 중요한 건강 구호는 "걸으면 살고 못 걸으면 죽는다"이다. 87세이신 엄마는 건강을 위해 '매일 5천 보 걷기'를 하신다. 날씨가 좋으면 집 근처 공원에서 산책을 하시고, 비가 오거나 추운 날에는 아파트 복도에서 걸으신다. 그나마도 안 될 때는 집안에서 이 방, 저 방 청소도 하고 집안일을 하면서라도 기어이 5천 보를 채우신다. 하루라도 못 채운 날에는 내일은 좀 더 걸어야 한다고 다짐을 하신다. 엄마는 "나 아프면 자식들이 병원에 들락거리느라 일도 못하고 고생한다"며 매일 자신이 걸은 횟수를 공책에 기록도 한다. 그 덕분에 엄마는 건강을 유지하시고, 우리 자식들도 건강한 엄마 덕분에 마음이 편하다.

영국의 문호 버지니아 울프는 "시간이 자기도 모르는 사이에 한 사람의 얼굴을 바꿔놓듯이 습관은 인생의 얼굴을 점차적으로 바꿔놓는다"고 했다. 그녀는 아침 열 시부터 저녁 열 시까지 매일 글을 썼다고 한다. "마흔 살 이후의 얼굴은 자기가 책임져야 한다"는 말은 인생의 습관과 태도가 자기 얼굴에 나타난다는 뜻이다. 거울을 보고 자신의 얼굴을 들여다보면 내가 어떤 삶을 살아왔는지 보일 것이다. 우리는 우리가 할 수 있는 만큼만 꾸준히 하면 된다. 내가 정한 삶의 목표와 그에 맞는 구체적인 계획을 세우고, 하나씩 실천할 때마다 성취감을 느끼면 매 순간이 행복하고 매일이 행복할 수 있다.

PART 2

돈

노후 자금은
얼마나 필요할까?

　국민연금연구원에서 실시한 '국민노후보장 패널' 8차 조사 결과에 따르면, 우리가 생활하는 데 2인 기준 적정 생활비는 한 달에 약 267만 8천 원이라고 한다. 이를 기준으로 은퇴 후 30년을 계산하면 총 9억 6천만 원 정도가 필요하다는 것인데, 사실 받아들이기 힘들고 공감이 가지 않는다.

　노후 준비를 오랫동안 입을 옷이라고 가정해보면, '30년'이라는 기간과 '9억 원'이라는 숫자는 기성복의 사이즈라고 할 수 있다. 사람마다 체형과 취향이 다르고 활동하는 장소도 다르다. 솔직히 순수 9억 원을 노후 자금으로 비축해둔 사람이 몇이나 되겠는가? 9억 원이라는 말에 좌절하지 말고 내 형편에 맞게 준비하고 생활하는 것이 답이다. 그 준비를 위해 다음의 사항을 구체적으로 생각해보자.

현재 내 자산은 얼마인가?

제일 먼저 내 자산 현황을 파악한다. 옷을 잘 입는 사람은 쇼핑하러 가기 전에 자신의 옷장에 어떤 옷들이 있는지 살펴보고, 있는 옷과 맞춰 입을 새 옷을 구입한다고 한다. 자산 관리도 마찬가지다. 현재 살고 있는 집은 얼마고, 보유한 예금과 적금, 현금이 얼마인지 구체적으로 적어서 계산해보는 것도 좋다. 거래하는 은행의 어플리케이션이나 금융기관에서 제공하는 '나의 자산 관리 메뉴' 등을 이용하면 본인의 금융자산과 부채 현황도 한눈에 볼 수 있다. 은퇴 예상 나이 등 정보를 입력하면 퇴직 후 필요한 자금과 부족한 자금이 자동으로 계산된다. 각종 은행의 '자산 관리 메뉴', 금융감독원 홈페이지의 '통합연금 포털'에서 국민연금, 공적연금, 개인연금 등 연금 준비 현황 등도 확인할 수 있다.

매월 필요한 생활비는 얼마인가?

자기 체형에 맞는 옷을 맞추려면 줄자로 정확히 재야 하듯, 현재 수입은 얼마이고 지출은 얼마인지 구체적으로 정확히 나열해본다. 식비, 수도세, 전기세, 난방비, 통신요금 등 매월 지출되는 항목과 금액을 적어보자. 요즘은 거래 중인 은행이나 각종 가계부 어플리케이션을 이용하면 손쉽게 나의 소비패턴과 지출 비율을 확인할 수 있다.

노후에는 어떤 변화가 예상되는가?

현재 월 생활비로 얼마를 지출하는지 정확하게 파악했다면, 이제 노후에 필요한 생활비는 어떻게 예상할 수 있을까? 전문가는 실제 노후 생활비는 은퇴 직전 생활비의 70~80%가 적절하다고 말한다. 나이가 들면 체형 변화에 따라 옷의 스타일이 바뀌듯 은퇴 직후와 70대, 80대에 따라 소비패턴 또한 달라진다. 생각했던 것보다 오래 살 수도 있고 물가와 이자율 변동에 따라 연금의 실질가치도 달라진다. 미래를 완벽하게 예측할 수는 없지만 유행에 따라 패션이 변하는 것처럼 변화하는 경제의 흐름도 잘 살펴야 한다. 자산 상태, 현재 지출 현황, 노후 계획 등을 토대로 금융기관들의 은퇴설계 상담프로그램을 이용하거나 은퇴설계 전문가의 도움을 받아보는 것도 좋다.

나는 어떤 모습으로 살고 싶은가?

결혼을 앞두고 웨딩드레스를 입기 위해 몇 끼씩 굶었던 기억이 난다. 남편은 여유 있는 드레스를 선택하면 되는 걸 왜 그렇게 고생하냐고 했다. 옷을 몸에 맞출 것인지 몸에 옷을 맞출 것인지는 본인의 선택이다. '인명(人命)은 재천(在天)'이라는데 수명을 인간이 정할 수는 없고, 물가와 이자도 내 뜻대로 안 되는 건 마찬가지다. 은퇴 후 생활은 내 몸에 맞는 옷을 찾는 것이 답이라고 생각된다. 경제 전문가가 제시하는 방법을 다 적용할 수는 없지만, 미국의 인터넷 뮤추얼펀드회사 마케토크라시(Marketocracy)의 CEO가 제시한 개인의 재정 계획과 은퇴 자금 설계를 위한 열 가지 원칙을 참고해보자.

1. 새로운 인생 목표에 맞춰 재무 목표를 수립한다.

2. 매월 일정 금액을 계획에 따라 적립한다.

3. 큰돈이 아니어도 된다. 적은 금액이라도 규칙적으로 꾸준히 적립한다.

4. 10% 정도 유동성 자산을 확보한다. 퇴직 후 직업이 안정감이 낮은 것에 대비한다.

5. 현금과 은행 예금 외에 주식 보유분의 50%를 유동 자산에 포함시킨다.

6. 주식 투자는 장기적인 관점에서 기업에 투자한다는 마음가짐으로 한다.

7. 손실에 대비해 안전자금 확보 후, 여유 자금으로 1년~5년 정도 장기 투자한다.

8. 자산이 증가하면 점차적으로, 장기적으로 공격성 있는 투자를 늘린다.

9. 한 종목에 치중하지 말고 여러 종류의 펀드에 투자하며, 우발 채무에 주의한다.

10. 자식에게 재산 증여를 하지 말고, 대학을 졸업하고 취직하면 부모 역할은 다한 것이다.

나의 노후 생활에 있어서 중요한 것은 무엇인가?

자신이 어떤 삶을 살고 싶은지 계획하지 않으면 자신의 스타일을 찾지 못하고 유행만 좇는 사람이 될 것이다. 돈이 많아서 비싼 옷을 입거나 모델처럼 옷맵시가 좋아야 하는 것은 아니다. 페이스북의 마크 저커버그는 회색 셔츠만 입었고, 애플의 스티브 잡스는 목이 있는 티셔츠에 청바지만 입었다. 그들에게서 중요한 건 패션이 아니라 자신의 일에 집중하는 메시지였다. 인생을 한 벌의 옷이라고 치면 자신만의 소중한 스타일이 있어야 한다.

아버지가 돌아가시고 혼자 남은 적적함을 덜어드리기 위해 엄마에게 요가학원과 노래교실을 등록해드렸다. 엄마는 노래교실이 끝나고 친구분들과 백화점 쇼핑을 다니셨는데, 너무 부담스러우니 노래교실을 그만 다니겠다고 하셨다. 나는 엄마께 "꼭 사지 않아도 친구들과 어울려서 구경 다니면 즐겁지 않으시냐"라고 했더니 "자식들이 준 용돈을 백화점에서 비싼 옷 사는 데 쓰자니 아깝고, 구경만 하고 따라다니자니 기분이 별로"라고 하셨다. 지금은 엄마랑 생각이 비슷한 친구분들과 함께 운동도 하고 점심값도 번갈아 내니 수준도 맞고 마음이 편해서 좋다고 하셨다.

은퇴 자금에는 공통적이고 필수적인 은퇴 생활비 항목이 있다. 구체적인 항목과 그 대비 방법을 살펴보면 다음과 같다.

1. 생활비는 연금자산으로 준비하면 사망 시까지 매월 일정한 금액을 받을 수 있다.

2. 의료비는 보험자산(실비보험과 생존보험)으로 대비한다. 암·치매 등은 지출 부담이 크다.

3. 취미·여가 생활비는 수시 출금이 가능한 안전자산으로 대비하고 상황에 따라 조정한다.

4. 잉여자금은 단기적 손실 정도는 감수하고 장기적으로 수익금을 내는 투자자산으로 활용한다.

영화 〈국제시장〉에서 주인공 덕수는 시장에 있는 '꽃분이네'라는 가게를 팔지 못하게 한다. 투자자들이 거액을 준다는데도 마다하고 고집을 부리는 아버지(덕수)를 가족들은 못마땅해 한다. 덕수는 전쟁 때 피난을 오면서 잃어버린 동생이 혹시라도 이 가게를 찾아올까 기다리는 것이었다. 가족들은 더 이상 기다리지 말자고 했지만, 끝까지 잃어버린 동생을 찾겠다는 희망을 포기하기 싫었던 것이다. 사람들에게는 억만금을 준다 해도 바꿀 수 없는 소중한 것이 있다. 재테크는 의식주 해결을 위해 기본적으로 필요하지만, 만일 소중하게 지키고 싶은 것이 있다면 가족들도 이해하고 지켜줘야 한다. 우리는 돈을 벌려고 사는 것이 아니라 소중한 것을 지키고 간직하기 위해 사는 것이다.

그렇다면 은퇴 자금을 관리하는 데 위험이 되는 요소는 무엇일까? 첫째, 준비자산에 비해 생활비, 의료비 등의 오랜 기간 지출되는 장수의 위험이다. 둘째, 물가 상승과 자산 가치 평가 절하에서 오는 삶의 질적 저하 등 인플레이션의 위험이다. 셋째, 투자 자산의 수익률이 예상했던 것보다 나빠질 투자 위험이다. 이와 같은 위험 요소를 포함해 부족한 자금 등을 해결하기 위한 방법은 어떤 것이 있을까? 첫째, 은퇴자산의 수익률을 높이는 방법이다. 둘째, 추가적으로 소득을 확보하는 것이다. 셋째, 소비를 줄이는 것이다. 넷째, 사회보장제도나 연금수령 시기를 늦추는 것이다. 다섯째, 저축을 늘리는 것이다. 여섯째, 주택연금, 즉시연금, 농지연금 등을 활용하는 방법이다.

은퇴가 10년 남은 내 직장 동료는 지금부터 받은 상여금은 은퇴 후에 쓰기로 했다고 한다. 매년 쓸 연도를 정해 각각 다른 통장에 넣어두었다가, 퇴직 후 10년 동안 상여금처럼 꺼내 쓰는 방법이다. 나는 퇴직이 10년도 안 남아서 늦긴 했지만, 좋은 생각이라 따라해보기로 했다. 노후에 상여금을 받을 생각을 하니 마음이 넉넉해지고 든든해졌다. 월급이 많든 적든 돈이 보이면 우선 쓰기 바쁘고 부족하기 마련이다. 일과 삶의 균형을 추구하는 '워라밸(Work and Life Balance의 줄임말로 만든 신조어)'도 좋고, 지금의 행복을 중요하게 생각하는 '욜로(You Only Live Once의 앞글자에서 따온 신조어)'도 좋지만 노후 자금은 마련해두면서 현재를 즐겨야 한다.

돈에 대한 유대 격언 중 "부자가 되려면 일할 때는 내일 할 일을 오늘하고, 먹을 때는 오늘 먹을 것을 내일 먹어라"라는 말이 있다. 돈은 버는 것도 중요하지만 잘 지키는 것도 중요하다. 노후에는 수입이 아예 없는 경우가 대부분인데, 그때를 생각하면 그나마 지금이 절약도 할 수 있고 대비도 할 수 있다. 세계적으로 우리나라 노인들의 빈곤율과 자살률이 높다고 한다. 내가 준비해두지 않으면 누구라도 나를 온전히 책임져주기 힘들다. 다람쥐도 겨울에 먹을 도토리를 모아둔다. 생존의 준비는 살아있는 한 필수적인 것이다. 지금부터 매월 적은 액수라도 노후를 위해 저축하자. 노후 자금의 준비는 빨리 시작할수록 부담은 줄고, 자금은 늘어난다.

노후에 반드시 피해야 할
네 가지

은퇴 후 빈곤율이 50%에 육박하는 이유는 자녀에게 쓰는 교육비와 결혼 비용, 저금리와 물가 상승 등이 그 원인이다. 경제 지식이 없는 상태에서 무리한 투자나 사전 준비 없는 창업 등은 은퇴 자금을 통째로 날릴 수 있다. 나를 가장 사랑하는 사람이 나 자신이듯 내 돈도 내가 사랑하고 아껴줘야 한다. 그러기 위해 노후에 반드시 피해야 할 네 가지를 살펴보자.

자녀를 위한 자금

요즘 50대를 '낀 세대'라고 한다. 부모를 모시는 마지막 세대고, 자식에게 노후를 기댈 수 없는 첫 세대다. 부모님을 봉양하고 효도하는 것은 당연한 도리고, 자식은 끝없이 주고 싶은 사랑스러운 도둑이다. 그러나 자식에게 대책 없이 올인하면 자식을 진짜 도둑으로 만드는 격이 될 수 있다. 힘들게 뒷바라지해서 대학까지 공부시켰는데, 취업도 못하고 결혼도 포기한 '삼포세대(연애, 결혼, 취업을 포기한 세대)'가 되어버렸다. 돈이 없어서 결혼을 못한다는데 어떤 부모가 모른 척할 수 있을까? 집을 팔아서라도 결혼시키고 싶은 것이 부모 마음이다.

자식을 도둑으로 만들고 싶지 않으면 어릴 때부터 경제 교육을 시켜야 했다. 이제 와서 경제 교육을 한다는 것이 어렵다면 다 해주는 것이 능사가 아니라는 것을 함께 깨달아야 한다. 가정 형편에 맞게 '교육비 지원은 대학 졸업까지, 결혼 비용은 전세 자금 얼마 정도'라고 상한선과 기준을 정한다. 또한 재산 증여는 미리 하지 않는 것이 좋다. 생전에 재산을 물려주면 부모 자식 간 관계만 멀어진다고 한다. 재산을 다 줬는데도 늙고, 병든 부모를 봉양하지 않는다고 효도 소송하는 상황을 만들지 말아야 한다. 노후 준비를 잘해서 자기 인생을 끝까지 관리하고 책임지는 것이 귀한 자식을 곱게 사랑하고 끝까지 지켜주는 것이다.

무리한 투자

은퇴 세대들은 왜 평생 모은 노후 자금을 사기당할까? 은퇴 세대는 근로소득은 없고, 자산소득만 있다. 저금리 시대인 요즘에는 이자 수익을 기대할 수 없기 때문에 은퇴자들은 뭐라도 투자하려고 촉각을 세우고 있다. 마침 다가온 사람이 "은행보다 이자가 훨씬 많고, 안전하면서 확실한 투자처가 있다"고 접근한다. 이들의 특징은 친절하고 외모가 깔끔하며 설명을 들어보면 전문적인 지식도 있어 설득력이 강하다는 것인데, 그건 전문 사기꾼이기 때문이다. 심지어 지인을 통해 소개받았기 때문에 믿을 만하다고 생각한다. 은퇴 후에 늘어나는 조바심과 불안감에 믿고 투자했다가 발등을 찍히는 일이 없도록 조심해야 한다.

은퇴자들이 특히 조심해야 할 사기 유형은 수익형 부동산 사기, 금융 투자 사기 등이다. 은퇴자들의 로망 중 하나는 건물이나 상가에서 월세를 받는 것이다. 노후 자금의 투자 실패 원인 90%는 상권 형성 예측이 어려운 신축 상가를 분양받는 데서 발생한다. 특히 신도시 상가의 경우 공급과잉과 온라인 통신판매의 발달로 상가 수요가 감소하고, 동일 업종끼리 경쟁이 과열되어 있다. 대규모 입주가 마무리되는 시점에서 건물을 둘러보면 좋은 자리임에도 불구하고 공실이 있는 곳이 많다. 분양받고 최초 한 번은 계약이 체결된다고 해도 1년 또는 2년의 기간이 만료되어 나간 후, 새로운 세입자가 안 들어오는 경우도 허다하다. 공실이 되면 관리비도 부담해야 하고 대출을 끼고 분양받았다면 대출이자까지 내야 한다. 이러한 상가 투자의 위험성은 서울이나 신도시나 마찬가지다.

부동산 투자 시 분양형 호텔과 레지던스, 신도시 상가 분양, 기획부동산 땅을 구입할 때 특히 조심해야 한다. 중국인 관광객이 몰리자 2012년 '관광숙박시설 확충을 위한 특별법'을 통해 너도나도 호텔을 짓게 허가를 해주었다. 그러다 사드 문제로 중국인 관광객이 급감하자 특급 호텔도 객실 수입으로는 유지할 수 없어 연회장 대여나 레스토랑에서 식음료 판매 등으로 버텨나가고 있다. 일반 호텔의 경우는 상황이 더 어렵다. 또한 땅을 구입할 때는 기획부동산을 통해 개발가치가 없는 땅을 함부로 사지 않도록 주의한다. 개발이 언제 풀릴지도 모르고 돈이 필요할 때 금방 팔리지 않아 환금성도 떨어지기 때문이다.

준비 없는 창업

치킨집, 카페 등의 창업이 성공하기 힘들다는 것은 누구든지 한 번쯤은 들어서 알고 있다. 기본적으로 저금리 상태에서는 창업 열풍이 일어날 수밖에 없다. 우리나라의 경우 2013년에서 2016년까지 금리가 인하되자 창업 비율이 급등했다. 자기 자본소득으로는 생활에 한계가 있기 때문에 너도나도 창업시장에 뛰어들게 된다. 전국 자영업 통계에 의하면 '1년 생존율 83.8%, 3년 생존율 40.4%, 10년 생존율 16.4%'라고 한다. 최악의 경우 평생 벌어서 모은 돈을 날리고 대출 빚까지 지게 된다. 이렇듯 창업 실패율이 높은 이유는 구조적인 문제다. 사람들의 입맛에도 유행이 있고, 아무리 유명한 프랜차이즈도 5년, 10년을 못 넘긴다.

은퇴 자금을 노리는 사기

전문직에 있는 50대 신사분이 사람이 없어졌다며 경찰서를 찾아오셨다. 몇 개월 전에 알게 됐고 가끔 만나 식사도 하면서 투자 사업에 대해 말이 오갔다고 한다. 해외 투자를 위해 공항에서 만나 함께 출국하기로 했는데 연락이 안 된다는 것이다. 투자를 권유한 사람에 대한 것은 명함에 적힌 이름과 대략적인 나이 외에 정확히 확인할 수 있는 것이 하나도 없었다. 만날 때마다 그 사람은 늘 약속 장소 근처에서 걸어왔고, 기사가 자기를 내려주고 갔다고 말했기 때문에 그 사람의 차를 본 적도 없었다. 자초지종을 말하는 동안에도 그분은 그럴 리가 없다는 말을 계속 반복하면서 자신이 사기당한 사실을 인정하지 않으려고 했다. "사람은 자신이 보고 싶은 것만 보고, 믿고 싶은 것만 믿는다"라는 말은 진리인 것 같다. 이렇게 은퇴 자금을 노리고 접근하는 사기에 대처하는 방법은 다음과 같다.

1. '설마, 내가 누군데!' 하는 과신을 버려야 한다. 고위직, 전문직, 검사, 경찰도 당한다.
2. 이유 없이 잘해주면 사기를 의심하자. 친척이나 친분 있는 사람을 통해 접근한다.
3. 원금 보장형 고수익 상품은 없다. 그런 상품을 내 손에 쥐여주려고 애쓰는 사람은 없다.

사기 범죄는 경찰서 '경제팀'이나 '지능범죄 수사팀'에서 수사한다. 사기는 지능적인 연구를 통해 실행되는 범죄이다. 폭력을 행사하는 범죄는 눈에 보이기 때문에 방어하고 대항한다. 그러나 은퇴 자금을 노리는 사람은 칼을 쓰지 않고 친절하고 교묘하게 내 인생에 치명상을 입힌다. 사기범은 누구보다도 그 분야에서 고수다. 세계적인 투자자 워런 버핏은 90세의 나이에도 매일 다섯 시간 공부하고, 여가 시간 중 80%를 책 읽는 데 쓴다고 한다. 세계적으로 유명한 전문가도 열심히 책을 보고 끊임없이 연구하고 노력하는 것을 보면 투자가 그렇게 쉽지 않다는 것을 알아야 한다.

노후를 위해 반드시
준비해야 할 연금

1994년 세계은행에서 발간한 〈노년 위기의 모면(The Averting Old-age Crisis)〉이라는 보고서에서는 3층 연금에 대해 소개하고 있다. 이는 사회보장연금(30~40%), 기업보장연금(20~30%), 개인연금(10~20%) 세 가지로 설명할 수 있는데, 1층 공적연금(국민연금, 공무원 연금, 군인연금 등)은 기초생활보장을 위해 소득에 따라 의무적으로 가입해야 하고, 국가와 기업, 개인이 함께 비용을 부담한다. 2층 퇴직연금은 기업의 사회적 책임에 근거를 두어 고용자 측에서 비용을 부담한다. 3층 개인연금은 개인이 자유롭게 선택해 가입하고, 민간 금융회사에서 운영한다.

먼저, 1층 국민연금은 18세 이상 60세 미만이 가입 대상이고, 최소 가입 기간은 10년이다. 물가가 오른 만큼 연금 수령액도 올라가므로 실질가치의 보장을 기대할 수 있고, 국가가 지급을 보장하므로 안전하다. 언제부터 수령하느냐, 몇 살까지 사느냐에 따라 총 수령액의 차이가 커질 수 있다. 조기 노령 연금은 연금 개시 시기를 최대한 6년 정도 앞당길 수 있다. 1년 앞당길 때마다 수령액이 6% 줄어들고, 5년을 앞당기게 되면 30%가 줄어든다. 기대 수명까지 오래 살 수 있다면 국민연금은 늦게 받을수록 유리하다. 다음 표를 통해 연금 수급 개시일에 따른 수령액의 차이와 출생 연도에 따른 수급 개시일을 살펴보자.

만 40세에 국민연금에 가입해 60세까지 20년간 월 27만 원씩 냈다고 가정한 경우

형태	연령	매월 수령액	기대 수명	총 수령액
조기 노령 연금	60세	70만 원	88세	2억 3,520만 원
정상 수급	65세	100만 원	88세	2억 7,600만 원
5년 연기 후 수급	70세	136만 원	88세	2억 9,376만 원

연금 수급 개시일

1953~56년생	1957~60년생	1961~64년생	1965~68년생	1969년생 이후
61세	62세	63세	64세	65세

국민연금은 연금을 받을 권리에 대한 압류, 양도 및 담보 제공을 금지하고 있다. 연금 금액이 150만 원 이하일 경우는 압류를 할 수 없다. '국민연금 안심통장'으로 지급받을 경우에 원천적으로 보호받을 수 있다. '국민연금 실버론'은 만 60세 이상 국민연금 수급자에게 배우자 장례보조비, 전·월세 자금, 재해복구비 등을 일정한 한도 내에서 낮은 금리로 대출해준다. 퇴직 후 소득이 없다면 '납부예외제도신청'을 하면 보험료가 면제되고, 가입 기간에는 포

함되지 않는다. '실업크레딧제도'는 실업 기간 중 연간 금융소득과 연금소득 합이 1,680만 원을 넘거나 과세표준액이 6억 원을 초과하지 않을 때 해당된다. 연금을 25%만 내면 최대한 1년간 보험료의 75%를 지원해주고 국민연금 가입 기간을 추가 산입해준다.

2층 퇴직연금은 근로자가 일하고 있는 기업이 직접 운용하거나, 금융회사에 위탁해 운용하므로 회사가 도산해도 금융회사로부터 퇴직급여를 받을 수 있다. 퇴직연금이나 기업연금 등이 여기에 속하고, 공무원들은 퇴직수당으로 받는다. 근로자가 재직 중에는 확정급여형(Defined Benefit)과 확정기여형(Defined Contribution), 개인형 퇴직연금 중 선택해서 받을 수 있다. 퇴직 후에는 일시금과 연금 중에서 한 가지를 택해 수령할 수 있다. 이직을 하게 될 경우 퇴직연금을 누적하고 통산할 수 있다. 임금 상승률과 연금운용 수익률, 임금피크제 및 연봉제의 실시 여부, 급여 변동성 정도에 따라 확정급여형이 유리할 수도 있고, 확정기여형이 유리할 수도 있으니 잘 따져보아야 한다.

확정급여형은 퇴직할 때 수령하는 금액(퇴직 직전 3개월간의 월평균 임금×근속년수=퇴직금)이다. 확정기여형은 매년 총 급여액의 12분의 1을 퇴직연금으로 운용한다. 연봉이 매년 상승한다고 하면 근로자한테는 확정급여형이 유리하고, 사업자는 확정기여형이 유리하다. 어떤 금융기관이 수익을 어떻게 내고 있는지 확인하고 싶다면 고용노동부 홈페이지에 들어가 퇴직연금 사이트 중 '금융회사별 퇴직연금 수익률·상품정보' 항목에서 확인 가능하다. IRP(Individual

Retirement Pension)는 개인형 퇴직연금으로 확정급여형, 확정기여형 퇴직연금을 최종적으로 관리하는 계좌이다. IRP 계좌는 일반 계좌보다 소득세 30% 감면 혜택과 IRP 계좌에서 발생한 금융수익에 대한 과세를 연금 수령 시까지 미뤄주는 '과세이연' 혜택도 있다.

3층 개인연금은 공적연금과 퇴직연금으로 부족할 경우 개인 연금을 추가로 가입하는 것이다. 10년 이상 납입할 수 있으면 개인연금 신탁, 보험, 펀드 등 적립식 상품에 가입한다. 연 소득이 5,500만 원인 소득자는 일 년에 400만 원씩 불입하면 16.5%(66만 원)를 환급받는다. 해지하면 환급받은 세액은 반환해야 한다. 개인형 퇴직연금(IRP)은 사업장의 근로자뿐만 아니라 자영업자, 공무원, 교사, 군인도 가입할 수 있다. 세액공제 한도는 연금저축(400만 원)과 합산해 매년 900만 원까지(2020년부터 한시적으로 3년간) 가능하다.

만약 3층 연금만으로 부족할 경우 즉시연금과 주택연금 등을 활용하면 된다. 즉시연금은 생명보험사에서만 판매하는 상품으로 만 45세 이상이면 가입이 가능하다. 최저 1,000만 원 이상 목돈을 불입하면, 그다음 달부터 사망할 때까지 매달 지급된다. 10년 이상 유지 시 이자소득세·연금소득세도 면제되는 절세 상품이다. 한 번 가입하면 중도해지가 안 되고, 오래 살 수록 연금 수령액이 늘어나기 때문에 부모와 자녀 간 재산 다툼을 방지할 수 있다. '주택연금'은 공시가격 9억 원 이하 1주택을 가진 55세 이상(부부 중 연장자)이면 가입 가능하다. 자신의 주택에 살면서 주택을 담보로 평생 연금을 받는 상품이다. 가입자 사망 시 배우자에게 연금이 자동 승계되고, 부부가 모두 죽은 후에 주택의 처분 금액이 받은 연금보다 많으면 상속인에게 지급하고, 처분 금액이 더 적을 경우에는 상속인에게 초과분을 청구하지 않는다.

'연금 일부정지 제도'란 공무원 퇴직연금 또는 장해연금 수급권자가 사업소득이나 근로소득이 발생할 경우, 받는 연금의 일부가 감액 지급되는 제도이다. 기준 근로소득이나 사업소득이 237만 원(2019년도 평균 연금 월액 기준)이하이면 지급 정지되지 않는다. 수급권자가 공무원이나 사립학교 교직원 또는 군인 등으로 임용되어 해당 연금법의 적용을 받을 때나 선출직 공무원이 되면 연금액의 전부를 받을 수 없다(공무원 연금공단 홈페이지에서 확인 가능하다).

그렇다면 퇴직 후 건강보험료는 어떻게 될까? 건강보험료는 국민연금과 달리 연령 제한 없이 소득이 없어도 평생 납부해야 한다. 지역가입자의 건강보험료는 최소 13,980원(2020년 1월 기준)이다. 여기에 '소득+재산+자동차'에 따라 보험료가 추가되므로 자동차는 처분하거나 소형차로 바꾸는 것이 좋다. 9년 이상 된 노후차, 4,000만 원 미만의 1,600CC 이하 소형차, 생계형 차량은 면제된다. '금융자산+이자소득+ 배당소득'을 합해 연 2,000만 원이 넘어가면 종합과세 대상이 되지만 연금저축이나 IRP에서 발생한 소득은 이를 찾아 쓸 때까지 지연 과세가 된다. 연금저축과 IRP는 납부할 때도 연금을 받을 때도 건강보험료 부담을 덜어주는 좋은 상품이다.

국가는 다양한 세제 혜택 제도를 만들어 연금 가입을 권장하고 있다. 노년기에 뜻하지 않게 목돈이 들어가는 경우가 많으므로, 국민연금, 퇴직연금, 개인연금의 3층 연금을 준비하면 최소한 노후의 생활비는 해결할 수 있다. 본인 명의의 국민연금과 퇴직연금, 개인연금이 궁금하면 통합연금포털 홈페이지(https://100lifeplan. fss.or.kr)에서 확인할 수 있다.

※ 상기 자료 및 내용은 개인별 상황과 적용시점 및 법률개정 등에 따라 달라질 수 있습니다. 참고자료로 활용하고, 상세한 내용은 각 분야 전문가와 상담 바랍니다.

노후 자금을 위한 전략

벤저민 프랭클린은 "인간이 피할 수 없는 두 가지 중 하나는 죽음이고, 하나는 세금이다"라고 했다. '소득이 있는 곳에 세금이 있다'는 것이 세금 부과의 기본 원칙이다. 증여세나 상속세는 재산이 무상으로 이전되는 경우에 그 재산을 취득하는 자에게 부과한다. 상속과 달리 증여는 사망 전에 재산을 물려주는 것이다. 상속세를 아끼는 방법은 일찍부터 물려주는 것이지만, 미리 주면 불효할까 싶어 세금을 더 내더라도 상속을 선택하는 사람이 많다.

부모가 사망하는 경우, 사망일로부터 10년 이내 이루어진 증여도 상속 재산으로 합산되므로 일찌감치 증여를 해둬야 세금을 절약할 수 있다. 증여세 공제액은 배우자는 6억 원, 자녀의 경우 성년은 5,000만 원, 미성년은 2,000만 원, 손주는 5,000만 원까지 증여할 수 있다. 가족 간 증여는 10년 주기로 공제가 가능하다. 아이가 태어나면 2,000만 원, 열 살에 2,000만 원, 스무 살에 5,000만 원, 서른 살에 5,000만 원을 준다면 1억 4,000만 원까지 증여할 수 있다. 배우자, 자녀, 사위, 며느리, 손자 등 여러 명에게 증여하면 절세효과가 있다. 자녀에게는 현금 증여보다 부동산 증여가 더 유리할 수 있다. 주택 증여는 시세 대비 낮은 기준 시가로 평가하면 실거래가보다 적게 잡히므로 세금을 적게 내게 된다.

부모가 60세 이상인 경우, 자녀의 창업 자금으로 5억 원까지 증여세가 면제된다. 5억 원이 넘으면 30억 원까지의 금액에 대해서는 10%의 낮은 세금을 부과한다. 다만, 모든 업종에 다 해당되는 것은 아니고, 10년 이상 사업 유지 등 조건이 있다. 증여세 면제를 적용받기 위해서는 증여세 신고가 필수다. 소득이 없는 자녀가 주택을 구입했을 경우 국세청에서 자금 출처를 조사할 수 있다. 부모로부터 돈을 받아 주택을 구입했는데 증여세를 신고하지 않으면 가산세를 내야 한다. 신고는 관할세무서를 방문해 하거나, 국세청 홈택스(www.hometax.go.kr) 사이트에서 '증여세' 메뉴를 클릭하면 된다.

상속세와 증여세는 재산 평가, 적용 세율, 납부 방법 등에서 동일한 부분이 많다. 상속세와 증여세의 과세표준은 재산이 1억 원 이하(10%), 5억 원 이하(20%), 30억 원 이하(40%), 30억 원 초과(50%)시로 각각 적용된다. 상속세는 기본공제, 인적공제, 배우자공제 등 각종 공제액을 뺀 상황에서 과세표준을 부여한다. 상속 재산이 10억 원 미만이라면 일괄공제(5억 원)와 배우자상속공제(5억 원)를 적용하면 상속세 부담이 없다. 여기에 금융재산공제, 기업상속공제 등을 활용하면 세금을 더 줄일 수 있다. 상속 재산이 10억 원이 넘는다면 꼼꼼한 계획이 필요하다. 아버지가 돌아가셨을 때 자녀가 단독 상속하면 세금이 가장 많다. 어머니가 단독 상속하면 세금이 가장 적지만, 나중에 어머니가 사망한 후 상속세를 내야 한다. 어머니와 자녀가 적절하게 배분하면 상속세를 줄일 수 있다.

배우자상속공제는 배우자가 실질적으로 상속을 받지 않았어도 최소 5억 원을 공제한다. 만일 배우자가 5억 원을 초과해 상속받으면 30억 원과 배우자의 법정상속지분 중 적은 금액을 한도로 공제한다. '금융재산공제'는 금융자산이 5억 원이라면 20%에 해당하는 1억 원을 공제할 수 있다. '동거주택상속공제'는 주택이 한 채만 있는 아버지가 10년 이상 자녀와 한집에서 살았고, 상속할 당시 자녀가 무주택자일 때는 상속받은 주택의 80%에 상당하는 금액을 5억 원 한도 내에서 공제받는다. 아버지에게 상속받은 재산을 형제가 매수하면 상속세와 증여세를 한 번에 절감할 수 있다. 양도소득세는 상속 개시일로부터 6개월 이내에 매도해야 절세할 수 있다. 총 상속 금액이 10억 원을 초과하거나, 앞으로 재산 가치가 오를 것이라고 예상되면 미리 증여하는 것이 효과적이다. 증여는 기간을 길게 두고 여러 자녀에게 분산하는 것이 좋고, 평가가 낮은 것부터 순서를 정해 증여하는 것이 좋다.

상속 때문에 가족 간 분쟁이 발생할 것을 우려해 사전 증여를 고려하는 사람도 있다. 증여의 가장 큰 단점은 미리 배분해줄 경우, 되돌리기 어렵다는 것이다. 자식이 효도를 하지 않는다고 증여한 재산을 돌려받기 위해 소송을 제기하는 경우도 있다. 치매에 걸렸을 때 주변인들이 재산을 편취하는 일을 방지하려면 금융회사의 '유언대용 신탁'을 이용하면 된다. '유언대용 신탁'은 생전에는 자산을 관리해주고, 사후에는 지정한 사람에게 신탁재산의 수익권을 승계시키는 것이다. 수익자를 장남으로 지정했더라도 장남의 태도가 좋지 않으면 언제든지 다른 사람으로 변경할 수도 있다.

만약, 자식이 재산만 물려받고 효도하지 않는다면 증여했던 주택을 돌려받을 수 있을까? 민법 558조에는 '이미 이행된 증여는 해제하지 못한다'고 규정되어 있지만, '부담부 증여'는 부담의 의무를 가진 사람이 의무를 이행하지 않으면 재산의 소유권을 찾아올 수 있다. 효도 각서를 쓰고 재산을 물려주는 경우는 '효도의 부담을 지는 부담부 증여'라고 한다. 그러나 사실 부모가 자녀에게 재산을 증여하면서 일정한 의무를 부과하거나 각서를 받는 일은 많지 않다. '불효자 방지법'은 자녀가 부양 의무를 어기면 '이미 이행된 증여'라고 해도 부모가 증여한 재산을 돌려받을 수 있는 법이다. 만약 효도 각서를 작성해두지 않았다면 아무리 불효해도 재산을 돌려받기 힘들다.

2018년 한국주택금융공사 조사 결과에 의하면, 노년 가구 보유자산의 75.1%를 주택이 차지하고 있고, 금융자산은 13.3%였다. 자산이 주택에 치중되어 있기 때문에 주택연금을 활용하면 '하우스푸어'의 반전 효과를 누릴 수 있다. 주택연금은 55세 이상이고 9

억 원 이하 주택 소유자면 가입이 가능하다. '부부 모두 종신보장'이 원칙이므로 가입자가 사망하면 자녀 동의가 없어도 배우자에게 승계된다. 부부 모두 사망한 경우 지급된 연금이 주택 가격보다 많을 때는 청구하지 않고 남았을 때는 상속인에게 상속된다(HF한국주택금융공사www.hf.go.kr, 콜센터 1688-8114 참고).

1960년대 프랑스의 '아를'이라는 도시에 살았던 잔 칼망(당시 90세)은 동네 변호사(당시 47세)에게 아파트를 팔기로 했다. 변호사는 잔 칼망이 살아있는 동안 매달 2,500프랑(약 50만 원)을 지불하고, 사망하면 소유권을 넘겨받기로 했다. 변호사는 잔 칼망이 90세 고령자이므로 자기가 유리할 것이라고 생각했다. 그러나 예상과 달리 1995년, 변호사가 77세 나이로 먼저 사망했고, 그때 잔 칼망의 나이는 120세였다. 변호사가 30년 동안 매달 2,500프랑씩 낸 것을 합치면 집값의 두 배가 넘었다. 변호사가 사망한 뒤 가족들이 매달 약속한 금액을 지불하다 2년 후 잔 칼망이 사망한 후 변호사 가족들은 주택 소유권을 넘겨받았다.

요즘은 아파트에 노부부 또는 혼자 사는 노인들이 많다. 그분들이 이구동성으로 하시는 말씀이 집 팔고 자식들 집에 들어가서 함께 살 생각은 하지도 말라는 것이다. 혼자 밥해 먹느니 손주들 재롱도 보고 밥도 같이 먹고 좋을 것 같지만, 막상 현실은 그렇지 않다는 것이다. 어떤 분의 경우, 아들이 부모 명의로 된 집을 전세를 내주고 받은 돈으로 사업 자금을 보태주면 은행 이자 대신 용돈을 넉넉히 주겠다고 했다. 아들이 사업을 한다는데 돈도 보태주고 이자로 용돈도 받고, 이 얼마나 좋은 생각인가! 그러나 안타깝게도 아들의 사업이 망하면서 부모를 구박하고, 학대해도 갈 곳이 없어 죽지 못해 참고 사는 경우도 있다.

집을 물려주고 '효도 계약서'를 쓰느니 외롭더라도 주택연금 받아서 가끔 오는 손주들 용돈 주며 사는 게 편하다. 요양원에 가게 되면 매월 나오는 연금으로 비용을 치르면 되니 자식들에게 부담 줄 일도 없다. 자식이 부모를 모시려면 생활비, 용돈, 병원비 등 비용이 많이 든다. '가격 대비 성능'이라는 뜻의 '가성비'라는 말이 유행하듯 지금은 투자한 비용과 이익을 중요하게 따지는 사회다. 옛날처럼 여러 자식이 한 부모를 부양하는 것도 아니고, 혼자서 20년 30년 부모를 부양하는 것은 어렵다. '효도가 백행의 근본이다'라는 말은 어느새 옛말이 되었다. 시대가 변하고 있는데, '자식이 당연히 효도하겠지' 하는 기대감은 버려야 한다. 대책 없이 재산을 다 준 후에 상처받지 말고, 자식에게 부담주지 않는 기준을 세우고 현명한 선택을 해야 한다.

주거비, 자녀 결혼, 저금리, 물가 상승에 어떻게 대응해야 할까?

퇴직 후라도 계속 일해서 돈 벌 기회가 있으면 일을 더 하면 되지만, 소일거리 또는 용돈벌이도 많지 않고, 일할 능력에도 한계가 있다. 가진 돈은 한정적인데, 저금리 저성장 시대가 계속되면 실질적 가치는 점점 떨어질 것이다. 기대 수명은 늘어나는데 돈은 줄어들고, 답답할 뿐이다. 이제 자산을 효율적으로 사용하고, 안정적인 수익을 낼 수 있는 방법을 찾아야 한다.

먼저, 은퇴 자금 관리를 위해 현재 순자산을 정확하게 파악해야한다. 순자산에서 예상되는 지출비용과 항목을 정한다. 자녀의 교육비와 결혼 자금, 의료비, 생활비, 취미 생활, 경조사비 등을 정한다. 시기별, 금액별, 지출 항목별로 구분해서 통장에 넣어두면 좋다. 목돈이 필요한 자녀 결혼 자금의 확보, 생활비를 줄일 수 있는 방법, 예상치 못한 질병과 사고를 대비한 보험 가입 등도 상황과 시기를 고려해 투자 방식을 정한다.

　노후 준비에서 가장 큰 지출은 자녀의 교육비와 결혼 자금이다. 자녀의 교육비나 결혼 자금을 마련하려고 투자를 생각했다가 목돈을 잃으면 회복하기 어렵다. 노후를 망치고 자식의 미래도 어려워지므로 투자 방식과 자녀 지원 방식에 신중할 필요가 있다. 금리는 돈의 가치를 의미한다. 1% 금리 시대 1억 원을 은행에 맡기면 얼마나 받을 수 있을까? 은행에 정기예금 1년을 가입하면 세금을 공제하고 실제로 받는 이자는 한 달에 12만 원 정도다. 지금은 '저성장 · 저금리 · 저수익'의 3저(低) 시대이자 '고실업 · 고위험 · 고령화'의 3고(高) 시대다. 이 시기에는 공격적인 투자보다 손실의 위험을 최대한 줄일 수 있는 장기 투자 및 분산 투자를 하는 것이 유리하다.

　'인컴(Income) 펀드'는 주가 상승과 하락에 달린 시세 차익을 노리는 것이 아니라, 고정적으로 발생되는 이자소득과 배당소득, 임대소득 등을 말한다. 글로벌회사에 투자하는 채권형, 고배당을 노리는 주식형, 임대수익 등을 누리는 리츠형 상품 등에 분산 투자한다. '금(Gold) 펀드'도 수익률은 높으면서 비교적 안정적인 투자 상품이다. 'MMF' 상품과 시중 은행의 '파킹 통장'은 수시로 입출금이 가능하고, 돈을 넣고 하루만 지나도 이자가 발생한다. 자녀의 결혼 자금 등 인출 시기가 얼마 남지 않았을 때 잠시 돈을 맡겼다가 언제든지 인출할 수 있다. 파킹 통장은 MMF나 CMA 통장과 달리 5,000만 원까지 원금이 보장되므로 안정적이다.

　개인연금의 종류는 연금신탁, 변액연금, 연금저축펀드, 연금저축보험 등 그 종류가 다양하다. 연금저축은 5년 이상 납입하고 55세 이후부터 납입한 금액을 연금으로 받을 수 있다. 연금저축보험은 매월 정기적으로 납부해야 되며 가입 시 최저보증이율을 보장한다. 단기 해제 시 수수료를 차감하므로 주의해야 한다. 연금저축펀드는 자유납입식이며 수수료가 저렴하고 공격적인 수익 구조다. 단점은 원금이 보장되지 않아 연금저축보다 위험하다는 것이다.

보험은 노후의 질병과 사고 위험에 대비하기 위해 필요하고 중요한 금융자산이다. 보장 범위에 따라 실비보험, 암보험, 치아보험, 치매보험 등이 있다. 실비보험은 무조건 1년마다 갱신되는 갱신형이다. 갱신형은 가입 시 보험료가 저렴하지만 갱신되면서 보험료가 오를 수 있다. 비갱신형은 가입 시 위험률, 나이 등을 고려해 책정되며 만기 시까지 보험료 변동이 없다. 실비보험은 중복가입이 안 되지만, 암보험과 수술비 보험은 더 많은 보장을 위해 중복가입할 수 있다. 순수보장형은 보험료가 저렴한 대신 만기 시 환급금이 없다. 만기환급형 상품은 계약 만기 후 보험료를 환급받는 대신 보험료가 비싸다. 무해지환급형은 해지하지 않는 조건으로 환급금을 준다. 보험 비교사이트를 활용하거나 전문가에게 설계를 받아서 자신의 보험 상품을 정리해두는 것이 좋다.

사실 돈을 불리는 가장 확실한 방법은 돈을 안 쓰는 것이다. 자녀들이 떠나면 작은 집으로 옮기는 것이 좋다. 자녀들이 명절에 자고 갈 것을 대비해서 그냥 둘까 싶겠지만, 잘해야 1년에 한두 번 온다. 도심에서 지방으로 내려가면 여유 자금도 만질 수 있다. 아파트 관리비, 공과금 등 고정 비용뿐만 아니라 청소 등 가사노동 시간도 줄어든다. 매월 소비 항목을 살펴보고, 모임회비나 통신비 등 줄일 수 있는 것부터 줄여보자. 열 가지 중 한 가지만 줄여도 10% 이자를 받는 것과 같은 효과가 있다. 자녀의 대학 등록금은 '학자금 대출 제도'를 이용하면 되고, 자녀가 취직하면 '직장인 전세자금 대출 제도'를 이용할 수 있다. 자녀에게 집을 물려줘야 한다는 고정관념을 버리고 주택연금에 가입해서 안정된 노후 생활을 확보하는 것이 확실한 투자전략일 수도 있다.

보통 퇴직금이나 목돈을 어디에 투자할까 고민한다. 그중에서 가장 많은 것이 부동산 투자인데, 지금은 무작정 사두기만 하면 집값이 오르는 시대가 아니다. 상가나 오피스텔 등 꼬박꼬박 월세가 나오는 부동산을 소유하는 것은 은퇴하는 사람들의 로망이지만, 수익형 부동산은 최근에 매물이 쏟아지면서 공급과잉 상태다. 경기가 나빠지면서 분양이 안 되면 월세는커녕 공실 관리비까지 내야 한다. 부동산은 급하게 돈이 필요할 때 팔리지 않으면 현금화하기가 쉽지 않다는 것도 잊지 말아야 한다. 특히 은퇴자가 가장 많이 당하는 사기는 수익형 부동산·기획부동산·지역주택조합이다. 사무실을 차려놓고 못 쓰는 땅을 싸게 구입해서 도로가 개설되고 용도변경이 가능하다고 권유한다. 시세보다 거래 조건이 현저하게 좋으면 일단 의심을 하는 것이 안전하다. 해당 건물의 권리관계 및 위치 등을 직접 확인하고, 현지에 가서 주변 사람들의 의견을 들어보는 것이 좋다. 인터넷 등기소에 들어가서 등기부를 열람하고, 해당 자치단체에 방문해 개발계획도 확인해야 한다.

요즘 은행 금리가 낮은 탓에 금융 투자 관련 사기도 기승을 부리고 있다. "원금 보장 100%, 고수익 보장 100%"라는 광고를 보면 누구나 관심이 간다. 뉴스나 신문에서 'OO대표 투자금 OO억 원 챙겨서 잠적'이라는 기사를 보고 자신의 피해 사실을 알았을 때는 이미 늦었다. 투자한 돈을 찾는 것은 불가능에 가깝다는 사실을 잊지 말자.

사기 수법 또한 내 주변 지인을 통해 충분히 친분을 쌓은 다음에 이루어진다. 경계심을 풀고 친근감을 느낄 때쯤 원가의 수십 배 폭리를 취하는 '떴다방'식 사기를 당하게 되는 것이다. 유사 수신사기 조직은 처음에는 약속된 수익금을 입금하는 척하다가 수개월 내에 종적을 감춘다. '설마 내가 당하겠어?'라는 과신은 금물이다. 피해와 관련해서는 금융감독원의 서민금융센터(전화번호 1332)나 대한법률구조공단 등에서 무료로 법률 상담도 해준다.

노후의 재테크는 재산을 늘리는 것보다 편안하고 안정된 노후를 보내기 위한 것에 중점을 둬야 한다. 기대 수명이 늘어난 만큼 내가 가진 자산의 사용 수명도 늘려야 되기 때문이다. 가장 쉽고 확실한 방법은 절약하는 생활 습관으로 재산을 지키는 것이다. 노후 자금에 대해 조급하고 불안한 마음을 갖고 있으면 돈을 노리는 사람의 표적이 되기 쉽다. 서두르거나 욕심내지 말고, 장기적으로 투자해서 재산이 조금이라도 늘면 좋은 것이다. '끝이 좋아야 다 좋다'는 말이 있다. 빈손으로 왔다 빈손으로 가는 인생, 재산을 알뜰하게 잘 소진시키는 것도 중요하다.

PART 3

일

재취업은 은퇴 10년 전,
현직에 있을 때 준비해야 한다

평균 수명이 길어지면서 은퇴 후 재취업의 중요성이 높아지고 있다. 청년 취업을 '낙타가 바늘귀 통과하기'라고 한다면, 은퇴자의 재취업은 '고래가 바늘귀 통과하기'쯤 될 것이다. 재취업에는 생각보다 많은 시간이 걸릴 수 있다. 재직 당시 능력만 믿고 '나 하나쯤 취업할 곳 없겠어?'라고 생각하면 안 된다. 재취업의 성공은 얼마나 미리 준비하고, 적극적으로 일을 찾으려고 노력했느냐에 달렸다. 저금리 시대에 월급 100만 원을 받을 수 있다면, 금리 2%라고 계산했을 때 6억 원의 자산 가치와 같다. 재취업해서 '평생 현역'이 되는 것은 저금리 시대에 가장 확실한 재테크다.

미국 UCLA의 신경학자 바트 조키스 박사는 노인에 대한 부정적인 이미지를 깨는 연구결과를 발표했다. "인간을 지혜롭게 하는 물질 미엘린(Myelin)은 꾸준히 증가해 40~60세 사이에 인간의 뇌

기능이 최고의 절정기에 이른다"고 했다. 미국에서 9.11테러가 일어나자 FBI는 테러범들을 추적하기 위해 요원들을 점검했다. 경력 5년 미만 요원들은 체력은 우월하지만 경험이 부족하다는 이유로 부적합 판정을 내리고, 57세가 넘은 은퇴한 요원들을 다시 불러들였다고 한다. 시니어는 젊은이들이 쉽게 극복할 수 없는 경륜(經綸)을 갖고 있다. 건강하고 밝게 인생 후반전을 살아가기 위해서 일거리를 찾고 만들어보자. 자신이 갖고 있는 노하우를 잘 표현할 수 있으면 금상첨화다.

최근에는 은퇴를 'Rewire', 즉 새로운 인생 후반부를 출발하기 위해 '다시 끈을 조이다'라는 의미로 표현한다. 은퇴한 사람이 일을 계속하고 있는 사람에 비해 우울증을 겪을 위험이 훨씬 높다고 한다. 한국보건사회연구원은 〈중고령층 근로활동이 인지기능 및 정신건강에 미치는 효과〉라는 연구보고서를 통해 "일을 계속하는 사람은 나이가 들어도 정신과 진단 경험이 거의 증가하지 않았고, 우울증도 60세 이후에 조금씩 증가했다. 하지만 은퇴한 사람은 정신과 진단 경험과 우울증 발생률이 훨씬 많게 나타났다"고 밝혔다. 연구팀은 "은퇴 후 사회활동을 계속하면, 사회적인 소속감을 지속할 수 있으므로 긍정적인 영향이 나타난다"며 사회적으로 일할 기회를 장려하는 시스템이 필요하다고 발표했다.

재취업을 하는 데 가장 중요한 것은 현실을 직시하는 것이다. 직장 안에서 연장자, 상급자로 대우를 받다가 바깥세상으로 막상 나오면 적응하는 데 시간이 걸린다. 퇴직한 직후에 괜찮은 일자리가 생겨도 "거기서 그 돈 받고 일하느니 안 하고 만다"며 거들떠보지도 않는다. 그동안의 경력이 있는데, 반도 안 되는 월급을 받자니 싫은 마음이 당연히 들것이다. 나이가 들수록 체면을 더 중요시하는 경향이 있어 체면을 깎이면 모욕당했다고 생각한다. 그러나 은퇴 후 일자리를 선택할 때 체면만 내려놓는다면 이 세상에 하지 못할 일이란 없다.

은퇴 후 재취업을 하고 싶다면 적극적으로 구직활동도 해야 한다. 옛날과 달리 요즘은 퇴직할 때쯤이라도 나이가 젊고 건강하기 때문에 눈높이를 낮추고 적극적으로 움직여야 된다. '기다리면 어딘가에서 연락이 오겠지', '누군가 나를 찾아주겠지' 생각만 하고 가만히 있으면 아무런 결과도 얻을 수 없다. 신문광고나 인터넷 취업사이트, 헤드헌터 등 공개채용을 적극 활용하거나, 지인들을 통한 인적 네트워크 관리도 중요하다. 적극적으로 일할 의사가 있다는 것을 사람들에게 알려놓으면 그만큼 재취업할 수 있는 기회가 넓어진다.

퇴직 후 재취업을 위해서는 무엇보다 마음의 준비가 중요하다. 재취업을 하게 되면 급여나 업무의 내용, 나를 부르는 호칭, 나를 대하는 사람들의 태도 등 모든 것이 달라질 것이다. 예상하고, 각오도 했는데 막상 그 상황이 되면 내 인생이 추락한 것 같은 생각이 든다. 누구나 인생의 황금기는 있다. 그 황금을 내 안으로 품고 있으면 내게서 오로라가 발생할 것이지만, 황금을 봐달라고 자꾸 꺼내들면 점점 빛을 잃고, 한낱 돌덩이에 불과해질 수도 있다. 큰 회사에서는 자기 분야 일만 하면 되지만, 작은 회사는 부수적인 일도 맡아서 해야 할 경우가 있다. 여태 잘해왔는데 또 해보면, 어떻게든 하게 된다. '새롭게 세팅된 무대에서 또 다른 인생 드라마를 한 편 찍는구나'라고 생각하면 된다.

고용노동부 중장년 일자리 희망센터에서는 만40세 이상 중장년을 대상으로 전직 또는 재취업 지원 서비스를 제공한다. 근로 단계에 따라 재직자 대상 생애 경력 서비스, 퇴직 예정자 대상 전직 스쿨 프로그램, 구직자 대상 취업서비스 등을 지원한다. 전국에 32개 지역 센터가 있으며, 자세한 내용은 고용노동부 중장년 일자리 희망센터 전화(1350) 또는 홈페이지(www.work.go.kr)에서 확인이 가능하다.

또한, 전직과 재취업에 관련한 교육을 찾고 있다면 정부에서 지원하는 프로그램을 이용할 수 있다. '국민내일배움카드'는 실직, 재직, 자영업 여부에 관계없이 일정 금액의 훈련비를 지원함으로써 직업능력개발 훈련에 참여할 수 있도록 하고, 직업능력개발 훈련 이력을 종합적으로 관리하는 제도다. 개인당 300~500만 원의 훈련비용을 지원하고 5년간 사용이 가능하다. 다만 공무원, 사학연금 대상자, 졸업예정자 이외의 재학생, 연 매출 1억 5,000만 원 이상의 자영업자, 월 임금 300만 원 이상인 대기업 근로자(45세 미만), 특수 형태 종사자는 제외된다. 한국고용정보원 전화(1577-7114) 또는 고용노동부 HRD-NET(https://hrd.go.kr)을 통해 신청이 가능하다.

빅토르 위고는 발전을 위해서는 절실함이 필요하다고 했다. "램프를 만들어낸 것은 어둠이었고, 나침반을 만들어 낸 것은 안

개였고, 탐험을 하게 만든 것은 배고픔이었다. 그리고 일의 진정한 가치를 깨닫기 위해서는 의기소침한 나날들이 필요했다." 노후에 일을 찾으려는 노력은 오로지 돈만이 목적은 아니다. 사회 구성원으로서 살고 싶은, 존재감에 대한 절실함 때문이기도 하다. 어떤 사람은 은퇴 후 맞이하는 노후 시기를 인생의 내리막길이라고 한다. 또 어떤 사람은 아직은 젊고 기운이 있으니 새로운 일을 시작해보고 싶다고 한다. 정년 후에는 노후 자금이나 건강 문제도 중요하지만, 내가 하고 싶은 일과 나를 필요로 하는 곳과 집밖을 나서면 갈 수 있는 목적지가 있어야 한다. 적어도 50대부터는 인생 후반기에 어떤 일을 하고, 어떤 삶을 살고 싶은지 생각하고 준비하는 작업을 해야 한다.

나는 정년이 10년 정도 남았을 때 슬슬 노후 준비를 해야겠다고 생각하고 있었다. 눈앞에 닥친 상황이 아니라서 생각만 하다가 그럭저럭 이미 5년을 흘려보냈다. 이제 남은 시간은 5년, 다섯 손가락을 쭉 펴고 꼽아보니 절실하다. 작가는 아니지만 나는 시간을 쪼개서 글을 쓰고 있다. 책을 펴내고, 은퇴 후에는 저자 직강 강사로 활동할 생각이기 때문이다. 그 계획을 위해 책을 쓸 때 많은 공부도 했고, 퇴근 후 아무리 피곤해도 조금씩 계속 쓰고 있다. 눈도 침침하고, 머리도 아프고, 키보드를 두드리다 보면 손가락도 아프다. 그러나 할 수 있을 때 해야지 퇴직 후로 미루면 더 힘들고, 그러다 평생 못 하게 된다. 현역에 있는 지금이 기회다. 목표하는 것이 무엇이든 지금 바로 준비하자. 그것이 살길이다.

맞춤형 이력서를 만드는 방법과
면접 보는 방법

퇴직 후 재취업을 원한다면 평범한 이력서는 사절이다. 세상이 나의 가치와 존재를 알아주지 않는다고 포기해서는 안 된다. 어떤 방법으로 나의 가치를 잘 알려서 나를 선택하게 할 수 있을까? 먼저 구직에 필요한 이력서와 자기소개서를 잘 준비해야 한다. 노후에 새로운 곳에서 다시 일을 시작하려면 실력보다는 의지와 용기가 더 중요하다. 내가 지원하려는 분야에서 어떻게 일하고 얼마만큼의 이익을 제공해줄 수 있는지 제안서를 작성해보자. 열정과 희망을 갖고 준비하고 노력하는 사람은 면접에서도 좋은 인상을 줄 수 있다.

이력서는 지원한 회사에서 필요로 하는 업무 능력 위주로 써야 한다. 성과는 OO회 실행, OO원 달성 등 수치화해서 작성한다. 화려했던 이력이라도 업무와 관련이 없다면 쓰지 않는 것이 좋다. 과거의 경력을 기재할 때 자기자랑으로 보이지 않게 주의하자. 너무 화려한 이력 때문에 서류에서 탈락되는 경우도 있다. 어떤 회사는 '일류 대학 출신은 안 뽑는다'는 곳도 있다. 아무리 실력과 경력이 좋아도 '이 사람은 안 되겠다'라는 인상을 주면 안 된다. 서류전형에서 첫인상은 사진이다. 머리 손질도 하고 단정한 정장을 입고 사진관에 가서 기왕이면 잘 나온 사진으로 준비해둔다. 학력을 적을 때는 연도와 학위 등을 정확하게 적어야 한다. 기관에 따라 출신 학교명을 적지 않고 전공분야와 학위만을 적게 하는 곳도 있다. 경력을 작성할 때는 지원하는 회사의 채용 의도와 맞는 경력을 작성하는 것이 좋고, 관계없는 것은 적지 않아도 된다.

세상일은 넓게 보면 모두 연결되어 있기 때문에 자기 분야 일만 열심히 한 것 같아도 연관성을 끌어내면 좋은 경력으로 사용할수 있다. 자격증도 업무에 도움이 된다면 꼼꼼하게 기재하고 봉사활동 등의 총 횟수보다는 봉사활동에서 기여한 것과 보람을 느낀점 등을 실제적이고 진정성 있게 쓰는 것이 좋다. 이력서 작성에서 형식적인 면도 소홀히 하지 말고, 글씨, 문단 간격, 글의 분량, 오탈자, 맞춤법 등을 준수해서 간결하면서도 나를 잘 보여줄 수 있게 작성한다.

증빙서류는 평소에 컴퓨터 바탕화면에 폴더를 만들어놓으면 편리하다. 폴더 안에 (이력서, 자기소개서, 경력증명서, 학위증명서, 자격증명서, 증명사진, 교육이수확인서, 봉사활동증명서, 외국어능력, 표창장, 급여용 통장사본 등) 관련 서류를 모아둔다. 이력서는 한글파일로 학위증명서는 스캔해서 PDF파일로 증명사진은 JPG파일로 준비한다. 기관에 따라 요구하는 것이 다르므로 기본 양식으로 작성해서 저장해두었다가 요구 양식에 맞춰 작성하면 된다. 인터넷메일 '내게쓰기'함에 넣어두면 언제 어디서든지 지원서를 즉시 제출할 수 있다. 인적사항과 통장사본 등은 반드시 담당자를 확인한 후 제출해야 한다. 취업사기 보이스피싱은 'OO회사 경리계인데, 급여통장을 개설해야 한다'는 수법으로 개인 정보를 요구하므로 주의해야 한다.

만약 자녀와 입시 준비를 해봤다면 '자소서(자기소개서)'가 중요한 것은 알고 있을 것이다. 취업에서도 자기소개서는 매우 중요하다. 자신만의 좋은 경험 포인트를 어필해 다른 지원자와 차별화한다. 막연히 '성실하다' '뭐든지 맡겨만 달라'는 말은 설득력도 없고 준비가 안 된 느낌을 줄 수 있다. 지원 동기와 어느 분야에서 일하고 싶은지, 예상되는 질문을 자기 자신에게 물어보자. 말하지 못하는 것은 알지 못한다는 뜻이고, 알지 못하면 그 일을 할 수 없다. 머리와 마음속에 있는 생각들을 답변서로 만들어 작성하고, 소리 내서 읽고 연습해보자. 답변서를 준비할 때는 '핵심을 강조하는 1분', '경험과 사례를 넣어 3분' 분량으로 준비하면 면접관이 설명을 짧게 요구하든, 길게 요구하든 당황하지 않고 답변할 수 있다.

채용을 결정하는 마지막 관문은 면접이다. 용모와 복장이 단정하고 태도가 바르면 상대방은 존중받는 느낌을 받게 되고, 그래야 나도 존중받을 확률이 높다. 옷차림과 외모는 당장 취업할 수 있는 상태로 평소에 관리해둬야 한다. 면접을 보는 날은 나이가 들고 경험이 많아도 긴장이 되기는 마찬가지다. 면접 장소에 일찍 도착해서 분위기를 파악해두면 긴장감 해소에 도움이 된다. 준비한 메모는 눈으로만 보지 말고 화장실에서 소리 내어 읽어보자. 면접은 웅변이 아니고 '대화'다. 겸손하면서도 당당한 태도로 부드럽고 명확한 말투를 쓴다. 사소한 차이가 당락을 결정할 수 있다. 최선을 다하고 결과를 기다리자.

고용노동부의 고령자 인재은행 프로그램은 만 50세 이상이 일자리를 찾을 수 있도록 취업상담 서비스, 구인정보 등을 제공하고, 이력서 쓰는 법, 면접 준비 요령, 이력서 제출 사진 촬영 등의 다양한 서비스를 무료로 제공하고 있다. 다음은 고용노동부 홈페이지의 중장년 일자리 프로그램에서 가져온 〈생애경력설계 자가진단 체크리스트〉이다. 내가 얼마나 준비되어 있는지 '필요한 태도, 기술, 능력' 등 세 가지 측면에서 진단해보자.

1. 내 능력과 경력에 못 미치는 일자리라도 괜찮은가?

2. 일을 계속할 수만 있다면 체면과 관계없이 취업할 의사가 있는가?

3. 어떤 일을 수행할 때 주저하기보다는 부딪쳐보는 편인가?

4. 컴퓨터를 사용해 필요한 정보를 수집·관리·선택해 활용할 수 있는가?

5. 상대방이 하는 말의 요점이나 의도를 파악할 수 있는가?

6. 업무를 조리 있게 설명할 수 있는가?

자가 진단 체크리스트를 통해 나 스스로에게 물어보자. "할 수 있겠어?"라는 물음에 망설임 없이 "준비 완료!"라고 대답할 수 있어야 한다. 이력서를 쓰는 동안 지나온 인생의 여러 갈래 길이 보일 것이다. 잘 달려온 길도 있고, 후회가 남는 길도 있다. 이제는 가보지 않은 길을 걸어볼 수 있는 시간이다. 쉽지 않고, 잘되지 않을 수도 있다. 자신감, 자부심, 자존감으로 무장하고 나서보자. 긴장하고, 도전하면서 새로운 일을 찾는 과정 자체가 삶의 의미와 활력을 줄 것이다. 도전할 수 있다면 여전히 청춘이다.

영화 〈인턴〉에서 주인공 벤(로버트 드니로)은 부사장직을 맡다가 60세에 정년퇴직했다. 그 후 10년의 세월을 보내다 70세에 인터넷쇼핑몰의 인턴으로 일하게 된다. 젊은 동료들은 벤이 나이가 많아 해낼 수 있는 일이 없을 거라며 일도 안 맡기고 무시해버린다. 벤은 스스로 일을 찾아서 뒤죽박죽된 사무실 물품을 동료들이 찾기 쉽게 정리해주었다. 물건을 정리하는 일은 사소한 일이지만 업무의 효과를 높이는 데 중요한 일이다. 영화에서 벤은 매일 운동하고, 출근 전날 내일 입을 옷과 구두를 고르고 준비해둔다. 아침에 집을 나설 때는 거울을 보고 "하이"라고 밝게 인사하는 법을 연습하고, 표정을 밝게 유지한다. 이런 모습이야말로 벤이 70세 나이에도 신입 직원으로 채용되어 동료들의 인정을 받게 된 비결이라고 생각된다.

나는 명예퇴직을 염두에 두고 재취업 교육에 참석한 적이 있다. 강사 한 분이 "김치이", "치이즈"라고 하면서 입꼬리를 올리고 웃는 연습을 시켰다. 교육생들의 반응은 냉소적이었고, 화를 내는 사람도 있었다. "퇴직을 앞두고 재테크를 배우려고 왔는데 나이 든 사람에게 이런 걸 시킨다"라며 불평하는 사람도 있었다. 그런데 매일 찡그리고 불평만 하던 사람이 하루아침에 좋은 인상을 가지기는 힘들다. 40대 이후 얼굴은 자기가 책임져야 한다는 말이 주변 사람들의 성격과 표정을 볼 때 수긍이 된다. 웃는 것도 화내는 것도 습관이 되고, 얼굴에 표정으로 남는다. 입꼬리가 쳐져 있으면 시무룩하고 불만스러워 보인다. 표정은 나의 마음을 드러내는 표현이다. 거울을 들여다보고 입꼬리가 쳐져 있다면 입꼬리를 올리고 웃는 연습을 해보자.

구직활동에 필요한 자격을
취득하는 방법

통계청의 조사 결과, 우리나라 직장인이 가장 오래 근무한 직장에서 퇴직할 때 나이는 평균 49.9세라고 한다. 50대에 다니던 직장을 떠나 새로운 일자리를 찾거나 창업을 한다는 것은 쉬운 일이 아니다. 혼자서 고민하지 말고 시니어 일자리 지원 또는 자격증 취득과 취업 연계를 돕는 정부·공공기관을 적극 활용하는 것이 좋다. 재취업하는 데 뭐라도 있으면 도움이 되겠지 하는 심정으로 비싼 돈을 주고 이것저것 시도해보는데, 그것만이 능사는 아니다. 자격증은 국가자격증과 민간자격증으로 구분할 수 있다. 국가자격증은 취득하기가 어렵지만 신뢰도가 높다. 민간자격증은 국가자격증에 비해 취득하기가 쉬운 반면 인증도가 낮다. 어떤 분야에서 일하고 싶은지, 자격증과 연계된 일자리는 얼마나 있는지 등을 충분히 고려하고 준비해야 한다.

공공기관의 교육 프로그램

한국노인인력개발원에서 운영하는 '60+교육센터'는 60세 이상 시니어를 대상으로 취업이나 자격증 취득 등을 위한 교육 과정을 실시하고 있다. 취업형 교육, 자격형 교육, 사회활동형 교육 프로그램 등이 있다. 취업형 교육은 취·창업 노인 일자리 및 기타 개발원 추진 신규 민간 일자리 관련 교육을 실시한다. 자격형 교육은 고령자 취업 가능성이 높은 단기 민간자격증 교육, 고령자 적합 국가자격증 교육을 실시한다. 사회활동형 교육은 직업소양(업무 태도, 사회관계 등), 디지털(스마트폰 및 정보화) 교육, 사회 및 직업 트렌드 이해 교육 등을 제공한다. 전국에 25개 센터가 있으므로 거주 지역 인근 한국노인인력개발원 '60+교육센터'로 문의하면 된다.

서울시 산하기관인 '서울시50플러스재단'에서는 사회를 위해 공헌도 하고 활동비도 받을 수 있는 사업을 운영하고 있다. '50+ 보람일자리사업'은 재취업에 필요한 각종 강좌와 바리스타, 건강 체조 지도, 전래놀이 지도 등의 자격증을 위한 프로그램도 있다. 강의료는 무료 또는 1만 원~5만 원 정도다. 교육은 서울 시내에 있는 캠퍼스와 50+센터에서 진행된다.

서울시의 어르신 취업지원센터는 '내일 행복학교'와 '시니어 직업능력 학교' 등 고령자의 능력 개발과 재취업을 활성화하고, 사회 참여 활동을 지원한다. 구직 신청을 하면 노인종합복지관 및 자치구, 서울 일자리플러스센터 전산망에 등록된다. '경기도 생활 기술학교'는 5060세대의 일상생활에 필요한 기술과 동시에 취업 가능한 분야의 교육 프로그램을 제공한다. 도배, 타일, 전기, 목조주택, 도시농업, 바리스타, 제빵, 헤어미용과 펫시터 등 36개 과정을 도내 교육기관에서 위탁 운영한다.

노인 일자리 사업

노인 일자리 사업은 정부에서 65세 이상의 노인에게 사회참여 기회를 제공해 일자리도 주고, 일정한 금액의 급여도 지급한다. 공익형 및 복지형 사업은 기초노령연금 수급권자만 참여할 수 있고, 교육형과 시장형 및 인력파견 형은 참여자 기준에 따라 선발된다. 등산을 좋아하면 '숲생태 해설가'를 선택하면 좋다. 역사나 예술품에 관심이 많다면 '도슨트(docent)' 활동을 준비하면 좋다. '도슨트' 활동은 60세 이상의 시니어가 일정한 교육을 받고 일반 시민에게 해당 지역 박물관의 역사와 전시된 소장품의 의미에 대해 설명하는 것이다. 노인 일자리 상담은 전화(1544-3388) 또는 가까운 시·구청 또는 읍면동 주민센터, 노인복지관, 한국노인인력개발원, 시니어클럽 등을 방문하면 도움을 받을 수 있다.

일하려는 마음과 건강한 체력이 있다면 얼마든지 기회는 있다. 현대사회는 정보가 능력이고 경쟁력이다. 고용노동부가 운영하는 '장년 워크넷', 보건복지부와 한국노인인력개발원의 '100세 누리' 등은 시니어 채용정보와 재취업 교육 과정을 돕는 정보를 제공하고 있다. 인터넷을 통한 온라인 접수는 단기간에 접수가 마감되는 경우가 있으므로 어느 기관에서 시니어 인력을 필요로 하는지 수시로 문의하고 관계 기관도 직접 방문해봐야 한다.

나이가 들면 가족과 사회로부터의 단절, 빈곤과 질병, 다가올 죽음에 대한 두려움 등으로 우울증에 걸리기 쉽다. 외롭고 힘든 마음을 참고 혼자 해결하는 것보다 전문가의 도움을 받는 것이 좋지만, 전문가를 찾아가는 경우가 아직은 많지 않다.

노인심리상담사가 되면 첫째, 자신의 마음 건강을 스스로 돌볼 수 있어서 좋다. 둘째, 비슷한 연령대의 노인심리를 잘 이해할 수 있으므로 상호 공감대가 형성되어 상담 효과를 높일 수 있다. 셋째, 자격증을 취득하는 데 연령 제한이 없고, 상담사가 되어서도 정년 없이 오랫동안 일할 수 있다. 노인심리상담사 외에도 다양한 실버 관련 자격증이 있다. 실버레크리에이션지도사, 노인건강지도사, 치매예방지도사, 웰다잉심리상담사 등은 초고령화 시대에 유망하고 필요한 자격증이다. 일부 지자체에서는 자격증 취득 과정을 운영해 전문적인 지식과 정보 제공을 통해 자격증을 취득할 수 있는 기회를 제공하고 있다. 자격증을 취득한 후에는 전문가로서 경로당과 노인복지회관 등에서 재능기부와 봉사활동도 할 수 있다.

공무원의 경우 퇴직을 앞두고 경비지도사, 행정사, 공인중개사 등의 자격증에 관심이 많다. 자격증을 선택할 때 자신의 성향과 맞는지 신중히 고려하는 것이 중요하다. 지인 중 한 명은 열심히 공부해서 공인중개사 시험에 합격했는데, 부동산 정보에 관심도 없고 부동산 영업이 적성에 맞지 않아 장롱면허가 되었다. 건강 분야에 관심이 많다면 노인건강지도사가 좋고, 사람들 앞에서 재미있게 말하고 분위기를 즐겁게 이끌어나가는 재능이 있다면 실버레크리에이션 지도사 자격증이 좋을 것이다.

일부 업체들 중 "자격증을 취득하면 100% 취업이 보장된다"라는 명목으로 수십만 원씩 하는 민간자격을 3~4개씩 취득하게 하는 곳이 있다. 한국산업인력공단 '큐넷(www.q-net.or.kr)'과 민간자격 정보 서비스(www.pqi.or.kr)에서 공인자격인지, 민간등록자격인지 확인한 후, 비용과 시간을 따져보고 꼭 필요한 자격증을 취득하는 것이 좋다.

혼자 사시는 팔십이 다 된 우리 이모는 일주일에 세 번은 복지관에 나가 청소일을 하시고, 오가며 폐지 박스나 헌옷을 알뜰하게 모은다. 자식들은 "허드레 청소일에 폐지까지 주우러 다니고, 자식들을 불효자로 욕먹게 한다"며 말렸다. 이모는 "폐지를 내버려 두면 쓰레기지만, 주우면 돈이 되는데, 그게 왜 흉이냐"며 단호하게 일할 권리를 주장하셨다. 공공일자리에서 주는 돈이 30만 원도 안 된다지만, 즐겁게 일하셔서 그런지 연세에 비해 건강하시다.

은퇴 후 일자리를 찾을 때 젊은 시절처럼 고연봉 풀타임이나 그럴듯한 일자리를 구하기는 어렵다. 시간제 일자리나 시니어인턴, 재능나눔활동 등도 고려해보자. 자격증을 목표로 공부하고 노력해서 취득하면 성취감도 느끼고 자신감도 상승된다. 시니어라고 해서 나이에 얽매여 소극적일 필요는 없다. 뭐든지 새로운 것을 시작하고 성취할 수 있다. 그동안 못다 했던 공부를 하거나 한 분야를 집중해서 연구하는 것도 의미가 있다. 입시생처럼 부담이 되는 것도 아니고 누가 억지로 시켜서 하는 것도 아니니, 그야말로 순수한 학문탐구의 묘미를 누릴 수 있다. 삶의 전환점에서 새로운 일도 해보고, 환경을 스스로 변화시킬 수 있다는 것이 신(新)중년의 멋진 모습이다.

창업과 창직을 하기 전에
알아야 할 것들

국세청 자료에 따르면, 2018년 새로 등록한 사업자들을 연령대별로 분석한 결과 50대 사업자가 34만 9,895명으로 창업자 4명 중 1명은 50대이고, 60대 창업자도 전체의 10%를 넘는다. 은퇴는 했지만 아직 한창인 시니어들이 생계를 위한 마지막 수단으로 창업을 선택하고 있다. 창업의 종류는 업종에 따라 제조업, 서비스업, 도소매업이 있고, 형태에 따라 '프랜차이즈 창업', '신규 창업', '인수 창업'이 있다. 퇴직 후 가장 많이 선택하는 사업유형은 프랜차이즈 창업이었고, 자신의 전문분야를 활용한 창직도 다양한 형태로 시도되고 있다.[3]

---

3) 삼성자산운용, '은퇴 후 시니어 창업, 창업지원제도 확인하고 준비하세요!', 2019년 11월 27일자 참조.

'프랜차이즈 창업'은 본사에서 마케팅과 메뉴 개발을 해주므로 처음 시작하는 사람에게는 부담이 적다. 유행 업종인지 아닌지 시장조사를 한 다음 업종을 선택하고, 계약할 때는 조건을 잘 따져봐야 한다. '신규 창업'은 자신이 원하는 새로운 아이템으로 영업을 시작하는 것이다. 처음 하는 업종이라 고객의 반응, 매출 등을 예측하기 어려우므로 철저한 준비를 해야 한다. '인수 창업'은 기존의 입지와 고객이 확보된 가게를 인수하므로 안전하고 빠른 창업이 가능하다. 잘못 분석해서 실패한 가게를 인수할 위험이 있으므로 충분한 사전조사가 필요하다. 퇴직금을 한 번에 다 투자하지 말고, 경험과 비결을 쌓은 뒤 사업의 규모를 확장해나가는 것이 좋다. 세금신고 등 경영 노하우는 하루아침에 되지 않는다. 퇴직 전부터 관련 분야에 대해 충분히 조사하고 공부해야 위험률을 줄일 수 있다.

은퇴자들이 가장 많이 선택하는 창업 아이템 중 하나가 치킨집이다. '퇴직하면 치킨집이나 해야지'라는 말이 흔할 정도로 치킨집 창업을 많이 한다. 치킨집의 초기 창업 비용은 브랜드에 따라 최저 1,729만원, 최고 7,408만 원 정도다. 고정비(교육비, 가맹비, 계약이행 보증금)와 변동비(인테리어, 주방 기기, 초기 물품, POS, 배달 장비, 고객 관리 프로그램 등)가 필요한데, 고정비는 최저 350만 원에서 최고 1,908만 원이고, 변동비는 989만 원에서 5,499만 원이다. 브랜드별로 가맹본사에서 요구하는 최소 매장 면적은 19.6㎡이고, 최대 40㎡ 정도이다. 매장의 면적과 규모보다 매출액이나 고객의 선호도가 높은 브랜드일수록 창업 초기 필요자금이 높다. 자본이 많이 드는 업종은 매출액도 높고, 반면에 적은 자본으로 창업이 가능한 브랜드는 매출도 적은 편이므로 사정에 맞게 선택해야 한다.

창업 사기를 당한 피해자들은 본사 직원과 가맹점 운영상 약속 내용 등을 말로만 듣고 계약했다가 피해를 보는 경우가 많다. 말로 한 것은 효력이 없다. 상세하게 내용을 적어서 문서로 남겨야 한다. 가맹 계약기간, 보호제도, 영업지역 등 창업 계약 이전에 해당 업체에 정보 공개서를 반드시 요구해야 한다. 가맹업체에 대해서도 탄탄하고 믿을 만한 회사인지 살펴봐야 한다. 가맹사업자 등록 여부, 부당한 거래 조건, 불이익 조항 변경 등 공정거래위원회에서 그 내용을 확인 및 청구가 가능하다. 공정거래위원회는 불공정한 약관조항 등 공정거래법 위반사항에 대해 수정 및 삭제할 것을 권고할 수 있다.

기존 점포를 인수하는 과정에서 가장 중요한 것은 가맹점주가 매장을 양도하려는 이유가 무엇인지를 파악하는 것이다. 솔직하게 말해주지 않겠지만 무엇이 어려운지, 해결 가능한 문제인지 확인해야 한다. 점포의 상태를 잘 파악하려면 매장의 경영 상태를 자세히 살펴봐야 한다. 여러 차례 매장을 직접 방문해 고객 수를 파악하고, 매출 자료와 프랜차이즈 가맹본부의 매출 자료가 맞는지도 확인해야 한다. 기존 프랜차이즈를 인수하겠다고 결정하기 전에 상가 소유주도 만나보는 것이 좋다.

창업 관련 사기는 큰돈이 오가는 만큼 피해를 입을 경우 평생 모은 자금이 날아갈 정도로 매우 치명적이므로 신중해야 한다. 대부분 창업하려는 사람은 사업 경험과 창업 지식이 없는 초보자이고, 상대방은 그 분야의 전문가 수준이니 사기 피해를 당할 확률이 높다. 피해를 예방하려면 준비할 때부터 자료조사 등을 충분히 하고, 공공기관 등에서 주관하는 창업교육에 참여해 지식과 정보를 쌓아두는 것이 좋다. 의심스럽거나 궁금하면 불공정피해 상담센터 또는 공정거래위원회 등 전문가에게 상담을 요청한다.

서울시 '눈물그만상담센터(https//tearstop.seoul.go.kr)'는 2019년부터 지자체 최초로 가맹사업 거래와 대리점 거래에서 발생한 분쟁을 조정하기 위해 분쟁조정협의회를 운영하고 있다. 이용은 방문·온라인·화상상담 모두 가능하다(서울시눈물그만상담센터 02-2143-4860 또는 120번). 공정거래분쟁통합시스템(https//fair.ftc.go.kr)은 1588-1490으로 문의할 수 있다.

지식 창업은 자신의 지식과 경험만으로 창업이 가능하다. 흔히들 페이스북은 '3초 전쟁'이라고 한다. 긴 글이나 전문적인 내용보다는 3초 안에 사람들의 시선을 사로잡는 콘텐츠를 만들어서 제공해야 한다. 블로그는 내용이 있어야 하고, 사람들에게 유익한 자료나 정보를 줄 수 있어야 한다. 인터넷의 각종 카페는 가입을 해야만 콘텐츠를 볼 수 있는 특성이 있어 마니아층과 팬을 모을 수 있다. 카페를 통해 관심 분야의 사람들과 서로 정보를 공유하고, 메일과 쪽지를 통해 칼럼이나 강연 등을 알릴 수 있다.

유튜브의 수익 구조는 광고에 의한 수익, 협찬·후원에 의한 수익, 강연 수익 등이 있다. 가장 일반적인 형태는 영상에 삽입되는 광고에 의한 수익인데, 구독자 1,000명 이상, 1년 평균 동영상 시청 시간이 4,000시간 이상 등 조건이 충족되어야 한다. 영상의 길이가 10분 이상이면 광고를 넣을 수 있다. 광고 유형도 다양하고 유형에 따라 금액도 다르다. 유튜버에게 들어오는 금액은 총수익의 40% 정도이고, 월 20~30만 원에서 억대 수익까지 천차만별이다. 유튜브를 시작한다고 구독자 수나 좋아요가 급속도로 높아지지는 않는다. 지속적으로 영상을 올리면 구독자는 늘어나므로 무엇보다도 자신이 좋아하는 주제를 선정해야 한다.

시니어 창업에 도움이 되는 정부의 지원 제도[4]

'신사업창업사관학교'는 유망 아이템 중심의 예비창업자를 선발해 이론전문 교육, 점포경영체험, 창업멘토링을 패키지로 지원하는 사업이다. 지원 대상은 신사업 아이디어 또는 유망 아이템(음식점업이나 주점업 창업 아이디어는 제외)을 가진 사업자등록이 없는 예비창업자만 가능하다. 창업이론 교육, 점포경영체험 교육, 멘토링 등을 지원한다. 전국 6개 지역(서울·부산·대구·광주·경기·대전)에 체험장 19개소를 운영하고 있으며, 수료 시 창업비용을 최대 2,000만 원까지 지원해준다. 자세한 내용은 신사업창업사관학교 홈페이지

---

4) 삼성자산운용, '은퇴 후 시니어 창업, 창업지원제도 확인하고 준비하세요!', 2019년 11월 27일자 참조.

(http://newbiz.sbiz.or.kr)를 참고하자.

　'중장년 예비창업 패키지'는 중소벤처기업부에서 예비창업자의 사업화를 위해 창업 교육, 전문가 멘토링, 시제품 개발 및 마케팅 등 창업 활동에 필요한 비용을 지원하는 프로그램이다. 만 40세 이상 대상이고, 사업공고일까지 창업 경험이 없거나 공고일 기준 신청자 명의의 사업체를 보유하고 있지 않다면 지원받을 수 있다. 선정평가는 3단계로 진행되는데, 서류평가, 발표평가, 가산점평가로 이루어지고, 최대 1억 원까지 사업화 자금을 제공하고 있다. 자세한 내용은 K-스타트업 홈페이지(www.k-startup.go.kr)를 참고하자.

　'세대융합형 창업캠퍼스'는 중소벤처기업부에서 지원하는 정책으로 기술·경력·네트워크를 보유한 퇴직 인력과 청년의 아이디어·기술을 연결해 역량 있는 창업팀을 발굴하고, 그들의 창업 전 주기를 집중적으로 지원한다. 2017년부터 전국 8개 주관기관을 선정해 운영하고 있고, 세대융합팀을 짜기 위한 매칭프로그램과 멘토링 및 교육을 진행하며, 최대 1억 원의 지원금과 사무실 같은 기반을 제공한다. 자세한 내용은 K-스타트업 홈페이지(www.k-startup.go.kr)를 참고하자.

　'재도전 성공패키지'는 폐업 후 재창업을 준비 중인 (예비)재창업자 또는 재창업 3년 이내 기업의 대표자를 위한 프로그램이다. 선정자에게는 재창업 교육 및 멘토링을 통해 실패 원인 분석 등 문제 해결형 실무 교육과 분야별 전문가 멘토링을 지원하며, 평균

4,300만 원의 사업 지원금을 제공하고 있다. 자세한 내용은 K-스타트업 홈페이지(www.k-startup.go.kr)를 참고하자.

창업박람회에 가보면 각종 프랜차이즈 업체들이 자기 업체가 유망하다고 광고한다. 그러나 창업을 하려면 반드시 내 눈으로 확인하고, 발품을 팔아야 한다. 창업하는 사람의 절반 이상이 3년을 못 버틴다고 한다. 반드시 성공한다는 보장도 없고 실패할 수도 있다. 실패가 두려운 것이 아니라 노후를 담보로 삼아야 한다는 것이 큰 부담이 된다. 현재 민간과 공공 부문에서 시니어를 위해 여러 가지 창업지원을 하고 있다. 기관에서 실시하는 교육도 받고, 지원해주는 혜택도 받자. 중장년은 젊은 층에 비해 경험은 많겠지만, 트렌드를 예측하거나 따라가기 힘들다. 철저한 준비는 물론, 최악의 상황에 대한 대비책까지 마련되었을 때 창업하는 것이 실패를 줄이는 최선의 방법이다.

자신이 하고 싶은
일을 찾는 방법

　나는 누구를 위해 살아왔는가? 사람들은 남이 하는 말에 지나치게 신경 쓴다. 자기 인생을 다른 사람의 기대치에 맞춰 욕망과 성공을 가늠한다. 남이 원하니까 자신도 원하는 것으로 착각하며 살다 허무감을 느끼기도 한다. 은퇴 전에는 '해야 할 일'을 했다면, 은퇴 후에는 '하고 싶은 일'을 할 수 있는 기회다. 이제부터 하고 싶은 일을 하면서 살아야 한다. 내가 원하는 일이 무엇인지 찾아서 하는 것이 행복한 노후를 대비하는 것이다.

　우리는 삶의 여정에서 다양한 역할을 맡아왔다. 자신이 선택한 역할도 있고, 운명처럼 주어진 역할도 있다. 원했든, 원치 않았든 자신의 역할에 적응하며 살아왔다. 은퇴 후 생활은 오랫동안의 역할이 바뀌는 시기다. "퇴직 후 새로운 일을 할 수 있다면, 어디에서 무엇을 하시겠습니까?"라는 질문에 명쾌하게 대답할 수 있는,

나만의 비전을 제시할 수 있는 사람이 얼마나 될까? "글쎄요"라고 대답하는 사람이 대부분일 것이다. 내가 얼마나 더 살지, 일할 수 있을지, 내일 일은 아무도 모르지만, 그렇다고 너무 막연하게 자신의 미래를 내버려둔 건 아닌지 생각해보자.

우리가 일하는 목적은 보통 생계와 출세, 그리고 소명을 위해서라고 한다. '소명'이란 '자신이 아니면 할 수 없는 것'이라는 의미와, 노후에는 '자신이 하지 않으면 후회할 일'이라는 의미로 해석할 수도 있다. 은퇴 전에는 생계와 출세를 위해서 일했지만 노년에는 그보다 자신의 가치를 확인하는 소명으로서의 일이 필요하다. 스위스의 정신의학자이자 심리학자인 카를 구스타프 융은 "모든 성인들의 삶에는 어린이가 한 명 숨어 있다. 영원한 어린이, 늘 무언가가 되어가고 있고 그러나 결코 완성되지는 않으며 끝없이 보살펴주고 관심을 가져주고 교육을 시켜줄 것을 요구하는 어린이가 있다"라고 했다. 자기 안에 있는 내면의 어린이에게 관심과 배움을 주는 것이 우리가 살아가는 방법이고 이유다.

영국의 일간지 〈런던타임스〉는 "이 세상에서 가장 행복한 사람은 누구일까?"라는 내용으로 설문조사를 했다. 행복한 사람 1위는 '모래성을 막 완성한 어린아이'였고, '깨끗하게 목욕을 마친 어린아이', '섬세한 공예품을 완성하고 휘파람을 부는 목공'이 그 뒤를 이었다. 1위로 모래성을 완성한 어린아이가 꼽힌 이유는 아이들은 자신이 하고 싶은 것이 무엇인지 잘 알고 있고, 또 자기가 하고 싶은 일을 할 때 재미에 푹 빠지기 때문이다. 몸과 마음이 성장해서 성인이 되고, 사회조직의 구성원이 되면서 우리는 진정한 자기 욕구를 점점 내면 깊은 어딘가에 묻으면서 살아간다. 열심히 경쟁하고, 남들 앞에서 과시하면서 남이 칭찬하는 일이 마치 자신이 원하는 일인 줄 알고 살아간다. 내가 정말 하고 싶은 일은 무엇이었을까? 생각조차 나지 않을 수 있다. 부모님의 딸로 태어나서 아이들의 어머니가 됐고, 조금 있으면 할머니가 될 것이다. 직장에서는 각자 회사 임원, 금융가, 교수, 기업인, 사장 등 하나 또는 다양한 역할을 맡았을 것이다. 셰익스피어는 "세상은 무대와 같고, 모든 사람은 무대에 선 배우일 뿐이다"라고 했다. 그동안 꽤 길었던 공연은 일단락되고 그 역할은 끝났다. 고정관념과 주위의 시선, 나의 현재 조건 등을 모두 버리고 생각해보자.

이제는 새로운 무대를 준비하기 위해 그동안의 역할에서 벗어나야 한다. 생계와 상관없다면, 남의 눈을 의식하지 않는다면, 나이가 많지 않다면 정말 하고 싶은 일이 무엇인가 종이에 적어보자. 내가 얼마나 많은 역할에 갇혀 무대 위에서 긴장하며 살았는지 알 게 될 것이다. 틈틈이 생각나는 대로 적다보면 비슷하고 반복되는 부분이 있다. 그 일이 내가 제일 하고 싶은 일일 수 있다. 하고 싶은 일이 생겼다면 이번에는 우선순위를 정해보자. '만일 내가 시한부 인생이라면 가장 먼저 하고 싶은 일이 무엇인가?' 인생은 영원히 지속되지 않는다. 앞으로 남은 생이 1년이 될지, 아니면 그보다 적을지는 아무도 모를 일이다.

스티브 잡스는 "진정으로 만족하는 유일한 길은 당신이 위대한 일이라고 믿는 일을 하는 것이고, 위대한 일을 하는 유일한 길은 당신이 사랑하는 일을 하는 것이다. 사랑하는 사람을 찾듯이 사랑하는 일을 찾아라. 살아보니 돈은 중요하지 않았다. 매일 잠자리에 들 때 '오늘은 정말 멋진 일을 했다'고 말할 수 있는 것이 중요하다"고 했다.

하고 싶은 일과 의미 있는 일은 어떻게 찾을 수 있을까? 많은 사람들은 자신이 구체적으로 어떤 삶을 살고 싶은지, 어떤 일을 하고 싶은지 잘 모른다. 평생 동안 이 문제에 대해 깊게 생각해볼 시간과 여유가 없었기 때문이다. 내가 하고 싶은 일이 무엇인가를 찾기 위해, 관심 가는 분야가 있다면 머릿속으로만 생각하지 말고 적어보는 것이 좋다. '그 일이 나와 맞는가?' 알기 위해 관련 분야의 책도 읽어보고, 그 분야의 전문가도 만나봐야 한다. 머릿속으로 그냥 생각만 하는 것과 행동으로 옮겨 경험해보는 것은 전혀 다르다. 자신이 하고 싶고, 좋아하는 일을 한다면 사는 게 즐거울 것이다.

좋아하지 않지만 생계를 위해서 했던 일도 사랑하는 가족을 위해서라면 힘들어도 보람 있고 행복했다. 좋아하는 일이든, 좋아하는 사람을 위한 일이든 보람이 있어야 한다. 내가 좋아하는 일을 하고, 그 일이 보람을 느낄 수 있는 일이어야 한다. 나이가 많아도 사회 구성원으로서 필요한 사람이라고 느껴지는 게 노후에 자신을 지켜주는 신념이 된다. 좋아하는 일이 직업이 되면 즐겁고 행복할 수 있다.

나는 낯선 곳을 여행하면서 사람들과 만나는 것을 좋아한다. 내 꿈은 외교관이었다. 외무고시가 너무 어려워 외교관이라는 꿈은 포기하고 경찰관이 되었다. 앉아서 일하는 것보다 돌아다니면서 일하는 것이 좋았다. 민원실이나 내근부서보다는 형사부서나 파출소에서 외근 활동을 주로 했다. 지금은 각 경찰서를 순회하며 동료 경찰관들에게 실무 강의를 하고 있다. 좋아하는 일을 선택해서 하다 보니 승진과는 멀어졌다. 동기들 몇 명은 진작 경찰서장이 되었는데, 승진도 못한 무능한 엄마가 된 것 같아 아이들에게 미안했다. 다행히 엄마가 세상에서 제일 멋진 경찰이라며 기쁨과 용기를 주니 고맙고 행복하다. 퇴직 후에는 코이카(KOICA)의 해외 봉사활동을 할 계획이다. 그러면 외교관이라는 나의 꿈이 이루어지는 셈이다.

일을 그만두고 편안한 여가를 즐기는 것만이 행복한 노후는 아니다. 인생의 후반기에 삶을 재조명해볼 때 가장 중요한 것은 남의 시선과 외부평가가 아니다. 자신만이 가진 강점과 특별한 성향을 발휘해서 나답고 행복한 삶을 얼마든지 영위할 수 있다. 남이 가진 잣대에 맞춰 나를 디자인하지 말고, 내가 입을 옷은 내 몸에 맞고 내 취향이어야 어울린다. 그래야 편안하고 그래야 행복하다. "하루를 살아도 행복할 수 있다면 나는 그 길을 택하고 싶어"라는 노래 가사처럼 이제부터라도 내가 좋아하는 일, 하고 싶은 일을 하면서 즐겁고 보람 있게 살자.

나의 명함에 무엇을
적고 싶은가?

　명함은 성명(姓名)과 관함(官銜)에서 나온 단어로, 관함이란 벼슬과 거쳤던 경력을 뜻한다. 우리 속담에 '명함도 못 내민다'라는 말이 있다. 옛날에 양반집이나 높은 사람들을 만나려면 문 앞에서 하인에게 자신의 명함을 보여주는 것이 순서였다. 심부름하는 하인이 명함을 받아서 주인에게 보여주면 주인이 명함을 보고 만나줄지, 돌려보낼지를 결정했다. 신분이 낮거나 가문이 별로 내세울 것이 없으면 퇴짜를 맞고 쫓겨나는 일이 많았다. 명함은 그 사람의 사회적 신분이나 계층을 표시하는 증표와 같은 역할을 했다.

　지금 '명함'에는 이름, 직업, 직책, 주소, 연락처 등의 개인 정보가 있고, 처음 만나는 사람에게 자신을 소개하기 위해 건넨다. 자신을 알린다는 것은 자신의 정체를 드러내는 일이기도 하다. 사람들은 직위나 권위에 의존해서 자신을 표현한다. 퇴직해서 직함이 없어졌다고 내가 누구라고 말할 수 없어서는 안 된다. 직함이 없어졌지, 내가 없어진 게 아니기 때문이다. 명함은 내가 만드는 대로 만들어지는 것이다. 직함이 지워진 그 자리에 새롭게 뭐라고 쓰면 좋을지 생각해보자.

은퇴자들이 퇴직을 실감할 때는 내밀 명함이 없어서 난처할 때라고 한다. 직함은 단지 회사나 소속된 기관에서 내가 맡은 업무와 책임지는 범위일 뿐이다. 회사 내에서 업무와 직위로 맺어진 인간관계는 퇴직함으로써 사라지는 경우가 많다. 사람은 태어나면서 자연적인 명함, 사회적인 명함을 갖게 된다. '누구의 딸', '누구의 엄마', '누구의 아내' 이러한 자연적 명함은 변하지 않는다. '1학년 2반 반장 엄마'는 아이가 졸업하면 사라지고, '누구 사장님의 사모님'은 남편이 사직하면 없어진다. 이제 다른 멋진 사회적 명함을 만들면 된다. 일할 때는 좋든 싫든 일 때문에 만났다면, 이제는 진짜 나를 표현하는 명함을 들고 내가 좋아하는 일로 사람들을 만날 수 있다.

명함에 이름과 직함만 넣으라는 법은 없다. 직장이 없으면 직업을 넣고, 직업이 없으면 취미를 넣으면 된다. 취미가 없으면 관심분야를 넣으면 된다. 직장에서 명함은 업무와 관련한 계약과 체결이 중요 목적이었다면 은퇴 후 명함은 사람과의 관계 형성에 의미를 두어야 한다. '피그말리온 효과'는 피그말리온이 자신이 만든 조각상 '갈라테이아'를 실제 연인처럼 지극정성으로 보살피자 신이 감동해 '갈라테이아'를 사람으로 만들어주었다는 이야기다. 정신을 집중해서 정성을 들이고 간절하게 원하면 뭐든지 이루어진다. 자기가 새로 쓰고 싶은 명함을 만들고 '된다, 된다' 하는 마음을 쏟아 자기 충족적 예언(Self-fulfilling Prophecy)을 실행해보자. 내 주변에 관심이 같은 사람들이 모여들고 차츰 그 분야의 전문가가 될 것이다.

스탠퍼드 경영대학원에서 80개 팀을 비교 실험한 결과, 자신의 재능, 강점, 열정 등을 적은 직함을 사용한 팀이 그렇지 않은 팀보다 월등한 성과를 얻었다는 결과가 나왔다. 실제로 불치병 어린이들을 돕는 '소원성취 재단(Make-a-Wish Foundation)' 직원들은 감정노동으로 스트레스가 심각했다고 한다. 직원들의 스트레스를 해소하고 사명을 환기시키기 위해 각자 새로운 직함을 만들어 사용해보게 했다. 재단의 책임자는 '소원을 들어주는 요정 할머니', 최고운영책임자는 '달러와 센스 장관', 행정 담당 직원은 '인사의 여신', 홍보 담당 직원은 '행복 뉴스 파발꾼' 등 재미있고 새로운 직함을 사용했다. 결과는 85%의 직원들이 극한 상황에서도 긍정적으로 일할 수 있게 되었고, 주위 반응도 '재미있다', '왜 그런 직함을 붙였느냐'며 소통 면에서도 장점이 되었다.

요즘에는 초등학교에서도 '미래 명함 만들기'를 한다고 한다. 어떤 내용으로 채우고 어떤 모양으로 디자인할지 고민해보면 목표가 구체화되고 다양한 아이디어가 떠오를 것이다. 지금부터 구체적으로 자신의 명함을 만든다고 생각해보자. 먼저, 자신의 이름에 대한 설명을 넣어보자. 각자의 이름에는 저마다의 사연이 있으므로 자기소개도 되고 대화의 계기를 만들어준다. 이름으로 삼행

시나 캐치프레이즈를 만들어 적는 것도 한 방법이다. 보통 선거철에 후보자들이 소속 정당이나 이름을 이용한 캐치프레이즈를 쓰는데, 이를 참고하는 것도 좋다. 두 번째로 직업 등에는 전문성을 표시하는 문구를 넣는다. 다양한 분야의 사람을 만나 서로 정보를 공유하고 관계망을 넓게 형성할 수 있다. 자신의 얼굴이 오래오래 기억되길 원한다면 자신의 사진을 넣으면 좋다. 사진이 부담스럽다면 캐리커처 형식으로 자신의 특징만 표현해도 된다. 세 번째는 자신의 좌우명이나 좋아하는 명언을 넣어보는 것이다. 좌우명이나 명언을 통해 자신의 인생관을 자연스럽게 어필할 수 있다. 네 번째는 상대가 나를 이렇게 불러줬으면 하는 대로 호칭을 적어본다. '회장'이라고 쓰면 '회장님'이라고 부르겠지만 안 쓰면 그냥 '노인, 어르신'이다. 다섯 번째는 도움이 되는 유용한 정보, '꿀팁' 등을 적는 것이다. 그 정보가 자기가 연구한 분야라면 더욱 신뢰감 있고 더 나아가 조언도 해줄 수 있다.

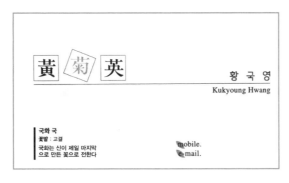

이름의 의미 표현

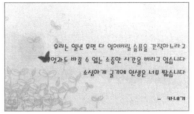

상담사 명함(앞면)　　　　　　　　상담사 명함(뒷면) - 명언

　　명함은 받아두면 필요할 때는 찾기 힘들고, 누군지 기억하기
도 힘들다. 이름이나 전화번호를 일일이 입력하지 않아도 명함
을 휴대전화로 사진을 찍는 순간 번호가 자동 저장되는 어플이 있
다. 앱스토어나 구글플레이에서 '명함'을 검색해 설치할 수 있다.
이 어플은 명함 사진을 찍으면 이름, 전화번호, 이메일주소가 자
동 저장된다. 전화가 걸려오면 발신자 표시도 되고 팀별, 모임별
로 정리도 할 수 있는 다양한 기능이 있어 편리하다. 인터넷이나
유튜브에도 '셀프 명함 만들기', '모바일 전자명함', '영상명함'등 다
양한 명함을 만들어 사용할 수 있는 유용한 정보들이 있다.
　　가수 DJ DOC의 노래 가사 중에는 "연봉이 내 명함이고, 차가
내 존함이고, 집이 내 성함이고, (중략) 나 이런 사람이야, 알아서 기
어"라는 내용이 나온다. 권위나 돈을 자랑하는 꼴불견을 풍자한 노
래다. 이제 이런 명함은 없어져야 한다. 우리는 누구나 인간 자체
로서 평등하게 존중받아야 할 존엄한 존재다. 나는 오랫동안 계급
사회에서 내 이름보다는 이름 앞에 붙은 계급으로 매김되어 살아

왔다. 이제 퇴직하면 또 다른 나를 만들고 표현하며 살 것이다. 나는 나의 명함 문구를 완성하기 위해 노력하고 있다. '행복한 노후 디자이너 OOO', '노후 생활 내비게이터 작가 OOO', 생각만 해도 설렌다. 새로 쓸 명함이 나를 노력하게 하고, 나는 점차 그 명함 속 인물이 되어간다. 사람들에게 어떤 사람으로 불리고 싶은가? 직장을 떠났다고 내가 이름조차 없는 사람이 되는 것은 아니다. 명함이 없어졌다고 나까지 없어진 듯 어깨를 내려뜨려서는 안 된다. '꿈꾸는 자는 늙지 않는다'고 했다. 나이는 들어도 늙지는 말자.

PART 4

생활

나를 가장 행복하게 하는 일,
자원봉사

자원봉사(自願奉仕)는 대가를 바라지 않고 사회를 위해 스스로 일하는 것을 말한다. 사적인 이익보다는 공적인 목적을 두고 사회를 위해 의미 있는 일을 찾아서 함으로써 사회 구성원으로서 존재감을 높이는 것이다. 비영리단체 NPO(Non-Profit Organization)를 통해 활동하는 공식 봉사활동과 개인 또는 여러 명이 모여서 자유롭게 하는 봉사활동이 있다.

자원봉사를 하는 목적은 사람에 따라 차이가 있다. 경험이나 보람 등의 정신적인 보상이나 교통비나 식사비, 소정의 활동비 등의 금전적 보상, 취업 또는 진학에 필요한 경력 등 다양한 목적으로 자원봉사를 한다. 자원봉사자들이 봉사활동을 함으로서 느끼는 정신적 만족감은 돈이나 명예를 얻는 것보다 훨씬 높다고 한다. 재물, 지위, 명성 등의 외적 가치보다 유대감, 친밀감, 자기수용 등 인간의 내적 욕구를 충족시키는 것이 더 큰 행복감을 주기 때문이다. 돈을 벌지 못해도 자기가 좋아하는 일을 하는 것 자체가 우리에게 행복감을 준다. 봉사활동을 통해 사회적 지지를 받고 정신적 유대감이 형성되기 때문이다. 관심분야와 관련된 봉사 단체에 가입도 하고, 색다른 방법으로 할 수 있는 봉사활동도 연구해보자. 남에게 시간을 나눠주면 내가 시간이 많은 것처럼 여유가 생기고, 돈을 나눠주면 돈 많은 부자가 된 기분을 느낄 수 있다.

사람들은 왜 봉사활동을 하면서 자신도 행복해진다고 할까? 1998년 하버드대학의 실험 결과, 의대생들을 봉사활동에 참여시킨 후 면역 기능을 측정하자 면역 기능이 증강되었고, 마더 테레사의 전기를 읽는 것만으로도 생명 능력이 향상되었다. 이렇게 봉사활동을 하거나 선한 일을 보기만 해도 면역 기능이 크게 향상되는 것을 '마더 테레사 효과'라고 하는데, '슈바이처 효과'라고도 한다. 직접 봉사활동을 하면 기분이 최고조 상태가 되고, 봉사활동이 끝나고 며칠, 또는 몇 주가 지나도 행복한 상태가 유지된다. 신체적으로는 콜레스테롤이 낮아지고, 엔도르핀이 3배 이상 분비되어 건강에도 좋은 효과가 있다고 한다.

간디는 "사람들은 의식적으로든 무의식적으로든 모두 이런저런 봉사를 한다. 의도적으로 봉사활동을 하는 습관을 들이면, 봉사하고자 하는 욕구가 점차 강해져 자신은 물론이고 세상 전체를 행복하게 할 것이다"라고 했다. 남에게 베푸는 행동도 하루아침에 되는 것은 아니므로 평소부터 관심을 가져야 한다. 슈바이처 박사는 "나는 당신이 어떤 운명으로 살지 모른다. 하지만 이것만은 장담할 수 있다. 정말로 행복한 사람들은 어떻게 봉사할 것인지를 찾고 발견한 사람들이다"라고 했다. 내가 할 수 있는 봉사는 무엇이고, 어디에서 해야 할까?

'1365 자원봉사활동 포털'에서 진행하는 봉사활동 분야는 교육, 상담 및 멘토, 공익 활동, 일상생활 도움, 방범 활동, 사무행정 보조, 환경보호 활동, 농촌 일손돕기, 각종 행사 안내 등 다양하다. 홈페이지(www.1365.go.kr)에서 자신의 조건에 맞는 자원봉사를 검색한 후 신청하면 일정한 교육을 받은 후 배치된다. 자원봉사 실적은 누적 관리되고, 필요 시 실적 확인서도 발급된다. '자원봉사 종합보험'이 있어 봉사활동 중 발생할 수 있는 사고 위험으로부터 보호받을 수 있다. 봉사활동 시간을 누적 관리하는 '1365 자원봉사 마일리지'로 공공시설에서 할인 혜택 등을 받을 수 있다.

NPO는 사회 곳곳에서 공익활동을 자발적으로 하고 있는 비영리단체(개인)를 말한다. 자원봉사는 무보수를 원칙으로 하지만, 비영리단체의 활동은 약간의 보수를 받는다. 컴퓨터·IT, 법률·회계 상담 등 공익을 위해 전문적인 지식을 제공하는 프로보노(Pro Bono, 라틴어로 '공익을 위하여'라는 의미의 'Pro Bono Publico'의 약어) 활동도 있다. 시니어 봉사단 '액티브 러브'는 GS홈쇼핑이 기아대책과 함께 운영하는 교육 프로그램으로 아동의 공감 능력과 행복감 향상을 돕는다. 자세한 내용은 '기아대책 기대 플러스'의 전화 02-2085-8375나 홈페이지(http://hope.kfhi.or.kr)를 참고하자.

'쌀독에서 인심 난다'는 속담이 있듯 현대인들은 나 살기 바쁘고 내 살림도 어려운데 남을 위해 봉사하고 기부한다는 것이 쉬운 일은 아니다. 나중에 여유가 생기면 해야지 하는데, 그때 되면 정말 하게 될까? 봉사도 하는 사람이 하지, 아무리 여유가 있어도 안 하는 사람은 안 한다. 기부는 다른 사람은 물론 나를 행복하게 만든다. 기부가 언제나 금전, 즉 돈일 필요는 없다. 홀로 계신 어르신들과 소소한 일상의 대화를 나누는 것, 내가 잘 아는 기술을 가르쳐주는 것, 악기 연주나 잘하는 노래를 불러주는 것 등 뭐든 좋다. 내게는 사소하지만 필요한 사람에는 절실하고 소중한 선물이다.

시니어가 잘 할 수 있는 봉사활동은 무엇이고, 어디에서 필요로 할까? 신문에 실린 '90대 어르신 봉사왕' 기사를 보았다. 20년 동안 주말을 제외하고 노인복지회관에 매일 출근해 질서유지와 교육 프로그램 안내를 해주는 일을 했다. 덕분에 국무총리와 도지사 표창장, 시장으로부터 억대 기부자 감사패도 받았다. 20년 동안 봉사 시간 2만 756시간을 최저임금 5,210원으로 환산하면 억대 기부를 한 것과 같다. 봉사왕 어르신은 인터뷰에서 "남을 위해 애쓰고 희생하는 봉사는 결국 나를 위한 일이다. 건강이 허락하는 한 100세까지 봉사를 하고 싶다"라고 소망을 밝혔다.

100세 철학박사 김형석 교수는 "나이가 들면 나 자신과 내 소유를 위해서 살았던 것은 다 없어집니다. 남을 위해 살았던 것만이 보람으로 남습니다"라고 했다. 이를 증명해주는 실제 사례는 십수 년 전 김밥을 팔아 모은 돈 3억 원을 기부한 '김밥 할머니' 사연이다. 공사장 식당, 남한산성 김밥장사 등 고생고생해서 모은 돈을 할머니는 어떻게 기부할 수 있었을까? 김밥 할머니도 한때는 친구들과 먹고 놀고 돈을 펑펑 쓴 적이 있으셨다고 한다. 그때 "내가 목숨을 걸고 번 돈인데 의미 있게 써야겠다"라고 마음먹으셨다고 한다. 몇 년 전, 기사를 통해 접한 할머니 근황은 남은 재산도 다 기부하고 요양원으로 가셨다는 것이다. 할머니는 "지독하게 고생하며 살았지만 기부가 행복한 경험이었고, 다시 살아도 같은 인생을 살 수 있다"고 말했다.

학창시절 농촌 봉사활동을 간 적이 있었다. 모내기 봉사활동이었는데 한 번도 해본 적이 없어서 그냥 대충 하고 온 기억이 있다. 그때 농부 아저씨가 우리 학생들이 심은 모가 엉망이라 농사를 망칠 지경이라며 다시는 오지 말라고 하셨다. 10년 전쯤에는 용인에 있는 호스피스 병원으로 1박 2일 봉사활동을 갔는데, 말기암 환자분을 잘 도와드릴 수 없어서 마음만 무거웠다. 그때 병원에서 10년째 봉사활동을 하고 계시는 분을 만났다. 그분은 말기암 환자분을 도우면서 삶의 소중함을 깨닫고, 더 열심히 일하고 사랑하게 되었다고 했다. 봉사도 하루아침에 잘할 수 있는 것이 아니라 시간과 노력이 필요하다는 것을 그때 알았다.

영국의 정치인 윈스턴 처칠은 "우리는 일함으로써 생계를 유지하지만 나눔으로써 인생을 만들어간다"고 했다. 봉사는 자신이 가진 인적·물적·정신적 자산을 나눈다는 의미로 '나눔'이라고 표현하기도 한다. 진정한 의미의 봉사는 자발적이고, 전문성이 있어야 하며, 어느 정도 지속적이어야 한다. 단순히 돕겠다는 생각만으로 처지가 어렵다고 값싼 동정을 하거나, 무료 봉사라고 해서 약속을 등한시해서는 안 된다. 준비하지 않고, 정성을 다하지 않으면 봉사라는 이름으로 남의 소중한 일 년 농사를 망치거나 다른 사람의 마음에 평생의 상처를 줄 수도 있다.

새로운 터전에서
새로운 삶을 사는 방법

　도시인가 농어촌인가, 아파트인가 전원주택인가, 그것도 아니면 은퇴이민을 갈 것인가? 은퇴 후 제2의 인생을 어디에서 보내느냐는 삶의 방향과 생활의 질을 결정짓는 중요한 문제다. 수도권에 남아 있을 것인지, 집값이 싼 지방으로 옮길 것인지 부부간 합의가 되어야 한다. 대도시의 집을 중소도시나 농촌 지역으로 옮기는 것만으로도 적절한 노후 설계가 가능하다. 현실적으로 은퇴 후 생활비가 충분치 않다면 집값이 싼 지역으로 이사를 가거나 평수를 줄이는 것도 방법이다. 귀농이나 귀촌은 주거비를 낮추고 어느 정도 생활비를 줄일 수 있다.

　귀농이나 귀촌을 하려고 결정했다면 처음부터 땅을 사서 집을 짓는 것보다 전세 또는 월세로 살아보는 것도 좋다. 처음에 정착하려고 했다가 마음이 바뀌거나 사정이 달라질 수 있기 때문이다. 노후에는 식구가 적기 때문에 집터가 크지 않아도 된다. 여유가 있을 경우, 별채를 지어두면 손님이 왔을 때 서로 편하다. 텃밭도 꼭 내 땅을 마련하지 않아도 노는 땅을 빌려서 작게 시작해보는 것이 좋다. 귀농·귀어·귀촌을 할 경우 지역주민과의 활발한 교류가 중요하다. 공동체 의식을 중요시하는 곳이기 때문에 마을회의와 행사, 공동체 작업 등에 적극적으로 참여하고, 경우에 따라서는 일정한 역할도 맡아서 해보는 것이 좋다.

성공적인 귀농·귀어·귀촌을 위한 단계적 준비

1. 농업 관련 기관, 농업전문인, 선배 귀농인 등을 통한 귀농 정보를 수집한다.

2. 가족들과 귀농에 대해 충분히 상의하고 동의를 얻는다.

3. 어떤 작물을 기를지 자신의 자본과 기술 능력에 맞게 선택한다.

4. 귀농자 교육 프로그램과 현장체험을 통해 영농 기술을 습득한다.

   ※ 귀어·귀촌은 '영어(營漁) 교육과 체험', '어선 및 어장 확보' 등 준비가 필요하다.

5. 생활 여건과 작목에 적합한 입지 조건을 고려해 정착지를 결정한다.

6. 주택의 규모와 농지의 매입 여부를 몇 군데 비교해보고 신중히 결정한다.

7. 초보 귀농인은 가격 변동이 적고 자본과 기술이 적게 드는 작목으로 영농 계획을 수립한다.

귀농·귀어·귀촌 준비를 할 때는 싼값에 토지를 분양해주겠다고 하거나, 영농 자금을 가로챌 목적으로 고소득이 보장된다며 인삼 등 특용작물을 재배하라고 권유하는 사람을 조심해야 한다. 농가주택을 구입할 때 주의할 점은 토지용도가 대지가 아닌 농지이거나, 무허가 주택인 경우가 있다. 토지를 구입할 때는 지적도를 살펴봐야 하는데, 도로가 없거나 건축법상 허가가 나지 않으면 곤란해진다. 아파트나 주택 매매 경험은 많지만 토지 구매 경험이 없다면, 충분히 현지답사도 하고 허가사항에 관한 관련 법 등을 알아둘 필요가 있다.

'귀농 농업창업 및 주택 구입 지원' 제도는 귀농인의 안정적인 농촌 정착 지원을 위해 농업창업에 필요한 자금을 융자해준다. 이주 기한, 거주 기간, 교육 이수 실적 등 조건에 따라 농업창업 자금은 3억 원 이내, 주택 지원 자금은 7,500만 원 이내, 연 2% 15년 상환 방식으로 대출이 가능하다. 융자금 지원과 각종 세금 혜택을 받기 위해서는 '농지원부 등록', '농업경영체 등록', '농협 조합원 가입' 등 세 가지가 필수사항이다. 신청은 면사무소나 귀농, 귀촌 센터에서 정보 확인 후 방문하면 된다. 귀농귀촌 박람회, 귀어귀촌 아카데미, 온라인 교육, 현장실습 교육 등 다양한 지원정책은 해당 지역 센터 방문 또는 홈페이지를 통해 정보를 얻을 수 있다.

※ 귀농귀촌 종합센터 1899-9097(www.return.com), 귀어귀촌 종합센터 1899-9597(www.sealife.go.kr), 전국귀농운동본부(사)(www. refarm. org)

베이비부머 세대 중에는 시골에 대한 향수와 추억을 찾기 위해 귀촌 생활을 희망하는 사람도 있다. 도심 아파트에 비해 전원주택 관리는 손이 많이 가서 어려울 수 있고, 건강 등으로 응급상황 발생 시 병원이 멀어서 불편할 수도 있다. 이럴 땐 '멀티해비테이션(Multi-habitation)' 거주 방식도 고려해보자. '멀티해비테이션'은 주중에는 도심에 거주하고 주말에는 근교 전원주택에서 텃밭도 가꾸고 휴식을 취하는 거주 형태를 말한다. 도심 속 복지시설 근처에 소형 아파트를 두고 시골의 작은 전원주택에 살면, 도시와 농촌의 장점을 누릴 수 있고 부부 취향이 달라도 절충할 수 있다.

최근 중장년층은 해외 이민에도 관심이 많다. 동남아 국가에 가면 저택에서 가정부와 정원사를 두고 황제처럼 살 수 있다는 말에 많은 사람들이 관심을 가졌다. 동남아 국가를 은퇴이민 국가로 선택하는 큰 이유는 환율 차이다. 한국에서 쓸 생활비로 그곳에 가면 한층 더 업그레이드된 생활을 즐길 수 있다는 것이다.

최근에 가장 인기 있는 이민 국가로는 말레이시아가 꼽힌다. 말레이시아 장기 체류비자 MM2H(My Malaysia Second Home)는 의무 체류 기간 없이 10년 단위로 연장이 가능하고, 배우자와 21세 미만 미혼 자녀도 동반할 수 있다. 물가는 한국의 2/3 정도 수준으로 생활비를 줄일 수 있지만, 현지 사업이나 취업하는 데는 제약이 있다. 은퇴이민은 취업이나 사업 등으로 돈을 벌 수 없기 때문에 연금 등 고정된 수입원이 있어야 한다. 이민은 실제 생활을 하는 것이기 때문에 부동산 구매 가능 여부, 의료 시설, 치안환경 등을 고려해야 한다. 복지정책이 잘되어 있는 나라일수록 이민국으로 선호하지만 투자이민 이외에 영주권을 받는 것은 쉽지 않다. 경제활동을 할 수 없는 노령인구를 받아들이는 것은 그 나라 국가의 재정에 부담되기 때문이다. 희망하는 국가가 있으면 사전 준비를 철저히 하고 '한두 달 살아보기'도 해보는 것이 좋다. 직접 생활을 해보면 관광객으로 갔을 때 보았던 환상에서 벗어나 정확한 판단을 하는 데 도움이 된다.

나는 몇 년 전 노후에 살 집을 짓기 위한 땅을 보러 다닌 적이 있다. 살아본 경험자들의 "한번 살아보고 결정하라"는 조언을 듣고 아담한 전원주택 전세를 얻었다. 주말에 바비큐 파티를 하고 놀다 밤늦게 잠을 잤다. 쉬는 날이라 실컷 늦잠을 자려고 했는데 새벽부터 "빗자루와 낫을 들고 마을회관 앞으로 나오라"는 방송이 나왔다. 모처럼 쉬려고 왔는데 새벽부터 청소하러 나가기 싫어서 안 나갔지만 마음은 편치 않았다. 여름날에는 바빠서 한참 동안 가보지 않았더니 정원과 집 주변 풀이 자라 쑥대밭이 되어 있었다. 예상했던 대로 부지런해야 하고, 손이 많이 간다는 것을 알았다. 새벽이면 집 근처까지 예쁜 노루가 내려온다는데, 한 번도 못 봐서 아쉬웠지만 좋은 추억이 되었고 땅을 사서 집을 짓겠다는 노후계획은 깊숙이 접어두었다.

귀농·귀어·귀촌의 '귀(歸)'는 '돌아간다'는 뜻이다. 중국 진나라 도연명은 벼슬을 버리고 고향으로 돌아갈 때 〈귀거래사(歸去來辭)〉를 통해 자연과 더불어 사는 전원생활의 즐거움을 노래했다. "저

멀리 우리 집 대문과 처마가 보이자 기쁜 마음에 급히 뛰어 갔다"
라는 구절이 마음에 와닿는다. 멀리 우리 집 대문이 보이고, 그 안
에 부모님이 계신다면 한달음에 뛰어갈 것이다. "나는야 흙에 살
리라, 부모님 모시고 효도하면서 흙에 살리라" 지금 시대에 이 노
래는 점점 멀어지는 메아리가 되고 있는 느낌이다.

생활을 단순화해야
행복하다

　예술에서 시작된 단순 미학의 미니멀리즘이 생활 속에 적용되고 있다. '미니멀라이프'는 불필요한 것을 최소화하고 내면에 충실하면 더욱 행복해질 수 있다는 삶의 방식이다. 미국의 조슈아 필즈밀번과 라이언 리커디머스는 집안에 값비싼 물건이 잔뜩 있고, 럭셔리한 자동차를 타고 다녀도 행복하기는커녕 마음이 공허했다고 한다. 이들은 '더미니멀리스트'란 회사를 만들고, '100개 미만으로 생활하기'라는 운동을 펼치면서 유명해졌다. 미니멀라이프가 인기를 얻고 있는 이유는 적게 소유하는 것이 많이 소유하는 것보다 경제적이기 때문이다. 어디 가서 뭘 사야겠다는 걱정과 물건에 대한 집착을 버리면 삶이 단순해진다. 복잡한 세상일수록 우리에게 필요한 건 단순하게 사는 것이다.

　사람들은 갖고 있는 물건의 20% 정도밖에 사용하지 않는다고 한다. 80%를 차지하는 쓰지 않는 물건들을 정리하면 공간도 쾌적해지고 훨씬 여유로운 삶을 살 수 있다. 물건을 쇼핑하고 관리하는 데 쏟는 시간과 에너지를 가족과 함께 맛있는 음식을 먹는 데, 친구들과 여행 가는 데 쓸 수 있다. 물건을 선택하고 줄이다 보면 정말 내게 중요한 것이 뭔지 명확하게 보이게 된다. 일본 사람들은 대체적으로 수집하는 것을 좋아하는 편이라는데, 2011년 일본 대지진이 일어났을 때 유리도자기 공예품 등 수집한 물품이 떨어지면서 흉기로 돌변해 많이 다친 사례가 있었다고 한다. 그 후 필요한 물건만 갖고 있는 것이 훨씬 안전하다는 인식이 생겼다고 한다.

그렇다면 무엇을 단순하게 정리할 것인가? 첫째, 시간이다. 법정 스님은 '시간은 목숨'이라고 했다. 현재 시간을 충분히 누리고 살지 못하면. 미래에도 누리는 삶을 살지 못한다. 현재에 집중하면 잡념으로 인한 번뇌가 없어진다. 둘째, 식단이다. 내 몸에 맞는 간단한 식단으로 적게 먹고 몸을 가볍게 만들어야 한다. 건강의 최대 적은 비만이다. 셋째, 인간관계다. 인맥이 넓다고 좋은 것은 아니다. 만날수록 힘든 관계는 정리하고 내 삶을 풍부하게 해주는 사람에게 에너지를 집중하자. 넷째, 생각이다. 공자는 "무언가 해야 한다, 반드시 어떠해야 된다, 고집을 부리는 마음, 자기중심으로 생각하는 마음"을 끊었다고 한다. 다섯째, 공간이다. 몽골인은 소유하는 물건이 300개이고, 투아레그족은 가볍게 짐을 꾸릴 수 있는 것만 소유한다고 한다.

법정 스님은 무소유에서 "우리는 필요에 의해서 물건을 갖지만, 때로는 그 물건 때문에 마음을 쓰게 된다. 무엇인가를 소유한다는 것은 다른 한편으로 무엇인가에 얽매이게 되는 것이다. 많이 소유하고 있는 것은 그만큼 많이 얽혀 있는 것이라고 했다. 우리는 가진 것이 너무 많기 때문에 복잡하게 엉켜서 행복할 수 없다고 한다. 삶을 단순하고 편안하게 만들어야 한다. 이것저것 다하는 대신 꼭 해야 하는 일과 하고 싶은 일에 집중하려면 쓸데없는 것을 버려야 한다. 그것이 물건이든 생각이든, 집착으로부터 벗어남으로써 자유로운 삶을 찾아야 한다"고 했다.

미니멀라이프의 핵심은 사용하지 않는 물건을 버리는 것이다. 잘 버리는 것도 경제적으로 이익이 된다. 사용하지 않는 물건들이 차지하는 공간만 잘 줄여도 방 한 칸을 줄일 수 있고, 소형 아파트로 이사 가도 충분히 살 수 있다. 어디부터 시작해서 어떤 방법으로 정리해야 할까? 첫째, 작은 물건부터 버린다. 옷, 책 등 종류가 다양한 물건부터 버리면 된다. 둘째, 양을 정하고 버린다. 매일, 주 1회 등 기간을 정해 단계적으로 버린다. 생활이 불편하고 마음이 허락하지 않으면 그냥 놔두자. 꼭 비워야 한다는 마음이 오히려 집착이 될 수 있다. 셋째, 소비 원칙을 정한다. 물건을 샀다면 반드시 하나의 물건을 버려야 정리된 상태가 지속되고 요요현상이 발생하지 않는다.

베이비부머 세대들은 형제끼리 옷도 물려 입고, 구멍 난 양말도 꿰매 신었다. 장을 보러 가도 장바구니에 담아서 들고 올 수 있는 만큼만 샀다. 경제가 발전하면서 자가용을 타고 대형마트로 장을 보러 가게 되면서, '1+1이니까', '세일하니까' 차로 잔뜩 싣고 온다. 온갖 물건을 쟁여두려니 냉장고도 대형, 옷장도 대형, 세탁기도 대형, 이에 맞게 아파트도 큰 평수를 선호하게 되었다. 예전에는 없어서 힘들었는데 지금은 넘쳐서 힘들다 보니, '정리수납 전문가'라는 직업까지 생겼다. 환경에 부담을 주는 것은 버리는 것보다 고쳐 쓰는 것이 좋은데, 무조건 새로 사고 충동구매하는 소비습관에 문제가 있다.

쓸 일은 없고 버리기 아까운 물건은 상태가 좋으면 중고로 팔아도 되고, '아름다운 가게' 등에 기증해서 필요한 사람들이 쓸 수 있도록 하자. 지자체나 마을공동체에서 시행하는 알뜰나눔장터에서 1일 판매를 하는 것도 재미있다. 책은 인터넷에 올려도 되고, 중고서점에 직접 들고 나가서 판매해도 된다. 가구류는 시청이나 구청 홈페이지에 들어가서 수거 신청 접수를 하거나 수거업체에 직접 전화해도 된다. 가전제품은 대형가전은 한 개라도 수거 신청이 가능하고, 소형가전은 여러 개가 있어야 수거하러 온다. 자세한 내용은 환경부에서 운영하는 폐가전 무상방문수거서비스 홈페이지(http://www.15990903.or.kr/)를 참고하자.

미국의 정신질환 분류체계 DSM-5에 따르면 물건에 집착하고 모아두는 것을 '저장 강박' 또는 '저장 장애'라고 한다. 쓰지도 않고 필요하지도 않은 물건을 버리지 못하고 남에게 나눠주지도 않는 것을 '강박적 저장'이라고 한다. 너무 많은 물건을 구입하거나, 물건을 과도하게 모아두는 것은 '강박적 수집'이다. 저장 강박은 장년층(33~44세)보다 노년층(55~94세)이 거의 3배 이상 많이 발생되는 것으로 나타났다. 신문과 잡지에서 오려낸 기사나 사진이 주제별로 스크랩되어 있다면 '수집'이지만, 잡지나 책 등이 두서없이 쌓여 있고 어디에 뭐가 있는지 못 찾는다면 '장애'인 것이다. 버리지 못하는 사람들 대부분은 '만약의 경우'를 이야기한다. 이것은 '물건을 버렸는데 나중에 필요하면 어떡하지?' 하는 상실에 대한 두려움과 불안심리 때문이라고 한다.

어머니들은 언젠간 쓸 일이 있다며 잘 못 버리신다. 지저분한데 버리자고 하면, "나 죽으면 나 버릴 때 같이 버려"라며 싫어하신다. 우리 엄마는 내가 어릴 때 갖고 놀던 인형들도 여태 간직하고 계신다. 엄마에게는 자식들이 쓰던 물건이 자식에 대한 그리움이고, 추억이다. 아버지가 돌아가시고 한참이 지났는데도 아버지가 좋아하시는 음식 재료들이 냉장고에 고스란히 남아 있었다. 엄마는 "느그 아버지 좋아하시는 술안주인데 다 못 먹고 갔다"라며 속상해하셨다. 음식을 못 버리는 것이 아니라 삶과 죽음의 관계에서 마음 정리를 못 하시는 거라 생각하니 마음이 울컥했다.

요즘 트롯이 인기다 보니 TV에서 어린 학생들이 '트롯 신동' 무대에 나오는 모습을 자주 본다. 한 중학생 출연자가 김용임의 〈훨훨훨〉이라는 노래를 곧잘 불렀다. '청산은 나를 보고 말없이 살라 하네. 물같이 바람같이 살라 하네. 사랑도 미움도 버려라 벗어라. 탐욕도 성냄도 버려라 벗어라.' 노래가 끝나고 트롯 분야 원로 심사위원들은 극찬을 아끼지 않았다. 한 가지 아쉬운 점은 노래는 잘하는데 표정이 없다는 지적이었다. 아직 많이 살아보지도 않은 어린 학생이 버린다는 의미를 얼마나 알까 싶은 생각이 들었다.

인도 철학자 달라이 라마는 "사람은 사랑받기 위해 태어나고, 물건은 사용되기 위해 태어났다. 세상이 혼란스러운 이유는 물건은 사랑을 받고, 사람이 사용되기 때문이다"라고 했다. 스티브 잡스와 마크 저커버그는 청바지에 티셔츠 한 가지로 단순한 옷차림을 고수한다. 이들은 단순할수록 자신에게 집중할 수 있다는 것을 잘 알고 실행한 것이다. 물건이나 공간은 간단하게 소유하고, 생활은 자유롭고 다양하게 살자는 것이 미니멀라이프다. 자신에게 진짜 필요한 것이 무엇인지 알고, 소중한 것에 집중하며 살고 싶다면 버릴 건 버리는 미니멀리스트가 되자.

혼자서만 생활하지 않는다

　은퇴 후 '협동조합', '마을기업'과 같은 사회적 경제기업에 관심을 기울일 필요가 있다. 적극적으로 사업을 하겠다는 생각보다는 사회 기여에 초점을 두고 함께 윈윈(Win-win)하는 사회적 기업 활동을 하면 삶이 풍요로워질 수 있다. 사회적 기업은 일반 기업과 달리 이윤추구를 우선으로 하지 않고, 시장과 정부가 해결하기 어려운 부분을 시민들이 자발적으로 협력해 해결하는 경제 활동이다. 창업 수단으로만 생각해서 정부 지원금에만 의존해서는 안 되고, 사회적 가치 실현에 목적을 둔 '소셜 미션(Social Mission)'이 있는 사업이어야 한다. 사회적 경제 기업의 종류는 마을기업(행정안전부), 자활기업(보건복지부), 사회적 기업(고용노동부), 협동조합(기획재정부) 등이 있다.

　먼저, 마을기업은 지역주민이 각종 지역 자원을 활용한 수익 사업을 통해 공동의 지역 문제를 해결하고, 소득 및 일자리를 창출해 지역공동체 이익을 도모하는 마을 단위의 기업이다. 출자자 및 고용인력 70% 이상 지역주민으로 구성(5인일 경우 100%)할 수 있고, 모든 회원은 마을기업 출자 및 경영에 참여할 수 있다.

자활기업은 지역자활센터에서 실시하는 근로 사업을 통해 배우고 익힌 기술을 활용한다. 1~2명 이상의 수급자나 저소득층 주민들이 공동사업자나 생산자 협동조합 형식으로 운영해나간다. 지역자활센터 등 자활 실시기관은 국민기초생활보장법에 의한 자활 성립 요건을 갖추고 시·군·구청장에게 신고하고 구성원 모두에게 수익금 70만 원 이상을 나눌 수 있어야 한다.

사회적 기업은 취약계층에게 사회서비스 또는 일자리를 제공하거나 지역사회에 공헌해 지역주민의 삶의 질을 높이는 데 그 목적을 두고, 재화 및 서비스의 생산 판매와 같은 영업 활동을 하는 기업이다. 사회적 육성법 제7조에 따라 고용노동부 장관이 인증한 기업이다. 이윤 배분이 가능하고 이윤의 2/3 이상은 사회적 목적을 위해 재투자해야 한다.

협동조합은 조합원의 필요에 의해 자발적으로 결성되어 공동으로 소유되고 민주적으로 운영되는 사업체다. 사회적 협동조합은 영리를 목적으로 하지 않으며, 지역주민들의 권익·복리 증진과 관련된 사업을 수행하거나 취약계층에게 사회서비스 또는 일자리를 제공한다. 일반 협동조합은 신고제이고 조합원들에게 배당이 가능하지만, 사회적 협동조합은 인가제이고 조합원들에게 배당이 불가하다. 협동조합은 19세기 영국에서 처음 시작되었고, 최초로 성공한 협동조합은 1844년에 28명의 방직공들이 구성한 로치데일 협동조합이다. 1844년 영국 로치데일은 산업혁명 당시 면직물 공업단지였다. 산업혁명의 여파로 경제 생태계가 파괴되어 노동자들은 실직하거나 저임금에 허덕였다. 지역 상인들은 빚더미에 앉게 되자 밀가루에 분필가루를 섞어 팔고, 오트밀에 흙이나 자갈을 섞어 팔았다. 이에 주민들은 안전한 먹거리를 확보하고 경제적 자립 등 어려운 현실을 개척하고자 협동조합을 열게 되었다.

세계 최고의 FC 바르셀로나 축구클럽 또한 팬들이 출자해서 협동조합 형태로 운영된다. 미국의 유명한 AP 통신도 1,400여 개의 언론사들이 경비를 분담하는 형태로 협동조합을 운영하고 있다. 우리나라는 2012년부터 '협동조합 기본법'이 시행됨으로써 제조, 유통, 소비자, 친환경, 육아, 노인, 장애, 사회적 돌봄, 취약계층 등 다양한 형태의 협동조합을 만들 수 있게 되었다. 2019년 기준으로 우리나라에는 사회적 협동조합이 971개가 있고, 51.8%의 사회적 협동조합이 수익을 지역사회에 재투자하고 있다고 한다.

사회적 기업과 협동조합을 잘 운영하려면 첫째, 가격과 품질 등 경쟁에서 뒤지지 않는 전문성이 있어야 한다. 둘째, 조직적인 홍보를 통해 공공구매의 장에서 기업과 소비자의 연결성을 높여야 한다. 셋째, 윤리적 소비가 활성화되어야 한다. 소비자들의 착한 소비 자체가 선행을 베푸는 일이다. 넷째, 변하지 않는 신념이 있어야 한다. 일자리 창출이나 소외계층 지원 등 신념이 강하지 않으면 물질적 유혹 때문에 사회적 가치를 외면하거나 정부의 혜택만 받고 문을 닫는 경우도 있다. 사회적 협동조합과 사회적 기업은 공익적인 성격이 강하다. 협동조합은 조합원들에게 높은 수익을 배분할 수 있는 수 있는 장점이 강하고, 사회적 기업은 공익적인 성격을 갖고 경영할 수 있는 장점이 있다. 관심을 갖고 주위를 돌아보면 장애인 등 취약계층과 함께 일하고, 나눔의 가치를 우선하는 기업들이 있다. 그 예로 '구두 만드는 풍경'은 청각장애인들이 수제 구두를 만들고, '동구밭'은 발달장애인이 천연비누를 만드는 사회적 기업이다.

지방에 사는 한 청년 사회적 기업가는 "솔직히 말해서 나는 소셜 벤처라는 단어도 모르고 시작했다"고 하는데, 이는 사회적 기업이 경영 능력보다는 사회적 신념을 우선으로 한다는 것을 잘 증명해준다. 이 청년은 지방에 있는 친구들이 서울로 빠져나가는 걸 느끼면서 '어떻게 하면 친구들을 남게 할 것인가?'에 대한 고민에서 출발해 지방에 청년 일자리를 창출하게 되었다고 한다. 사회적인 문제에 대해 진지하게 고민하고 연구하는 것이 곧 문제 해결의 시작점이 될 수 있다.

'뉴시니어 라이프'는 시니어들이 패션쇼 프로그램을 통해서 자기 자신을 표현할 수 있도록 도와준다. 나이가 들었다고 패션과 외모에 관심이 없는 것은 아니다. 시니어 패션쇼는 옷을 살리는 패션쇼가 아니라 시니어들의 자신감을 살리는 패션쇼인 것이다. 이런 것이 사회적 기업이 추구하는 가치이고, 방법이다. 사람에게 필요하고 중요한 가치가 무엇인지 들여다보고, 그 꿈과 가치를 실현 가능한 아이디어로 발전시켜 충족시키는 의미 있는 일이다.

'드림위즈 앙상블'의 멤버들은 원래 서울에 있는 발달장애 오케스트라에서 클라리넷 파트로 활동하던 아이들이었다. 이들은 1년 동안 한 곡만 1,000번 이상 소음이 화음이 될 때까지 연습한다고 한다. 발달장애 연주자라고 경제적 문제를 배제하고 취미로만 활동할 수는 없기에 부모들은 직업을 가질 수 없는 아이들의 미래가 늘 걱정이었다. 이러한 걱정을 해결하고자 하는 부모들의 노력은 사회적 협동조합을 통해 국내 최초 발달장애 연주자라는 직업을 탄생시켰다. 단순히 도와주기보다 지속적으로 성장할 수 있도록 하는 것, 이것이 사회적 기업의 목표이고 장점인 것을 잘 보여주는 사례다.

"빵을 팔기 위해 고용하는 게 아니라, 고용하기 위해서 빵을 판다"는 미국의 사회적 기업 '루비콘 베이커리'의 슬로건은 사회적 기업의 이념을 잘 표현하고 있다. '경쟁이 아니라 상생이다'라는 말은 협동조합의 취지를 잘 나태내고 있다.

모든 사회적 미션을 다 해결할 수 없고, 이윤 창출과 사회적 가치 추구라는 두 가지 목표를 동시에 달성한다는 것은 쉽지 않은 일이다. 사회적 가치를 추구하는 일에 많은 사람이 공감하고 노력해야 지속적으로 성장할 수 있다. 스웨덴은 노동인구 중 11%가 사회적 경제에 종사하고 있고, 캐나다의 퀘벡 지역은 사회적 경제 기업의 매출이 퀘벡 전체 GDP의 약 8%를 차지한다고 한다. 우리나라는 사회적 기업의 고용 비중이 1%를 넘지 않는다고 한다. 미국의 IT기업 휴렛패커드(HP)의 공동설립자 데이비드 패커드는 "이익 추구가 기업의 중요한 존재 이유이긴 하지만, 우리는 더 깊고 진정한 기업 존재의 의미를 살펴보아야 한다"고 했다. 영리도 중요하지만 사회는 나를 포함한 우리가 함께 사는 소중한 곳이므로 사회적 가치에 대한 관심과 해결 노력이 필요하다.

PART 5
취미

평생 할 수 있는
취미를 시작한다

2019년 통계청 조사 결과, 노후를 보내고 싶은 방법으로 10명 중 6명이 '취미 활동'이라고 응답했다. 사람들은 '취미 활동'을 하면서 노후를 보내고 싶어 하지만, 노후 자금 부족 등 경제적인 이유로 일하는 사람이 증가하고 있다. 은퇴 설계조차도 재테크와 재취업에 관심이 집중되어 있다. 그리스 철학자 에피쿠로스는 "우리 모두는 단 한 번 세상에 태어난다. 인생이란, 미루는 가운데 시들어버리는 것. 우리는 그것을 제때 향유하지 않다가 어느 날 덜컥 죽고 만다"라고 했다. 취미라고 해서 골프처럼 비용이 많이 드는 것이 아니어도 된다. 자신이 좋아하는 취미를 발견해서 인생 후반기 삶의 만족도를 높이자.

미국 CNN과 〈타임〉이 공동 조사한 결과, 미국인의 62%는 여가를 효율적으로 보내지 못하고 자신이 원하지 않거나 불필요한 일을 하면서 시간을 보낸다고 한다. 이유는 자신이 하고 싶은 걸 모르기 때문이라고 한다. 취미 활동은 꾸준히 지속할 수 있고, 본인의 흥미와 체력에 맞는 것을 선택하는 것이 좋다. 캐나다 캘거리 대학교 로버트 스테빈스 교수는 일상적인 여가 외에 사람마다 자기가 좋아하는 여가 한 가지를 할 때 삶이 최적의 상태가 된다고 말한다. 퇴직을 하면 하루에 세 시간 정도는 일을 하고, 나머지 세 시간 정도는 취미 활동을 하는 것이 적당하다.

취미 활동은 수동적 취미보다는 능동적 취미가 좋다. 학자들에 의하면, 우리가 어떤 것에 몰입했다가 일상으로 돌아오는 순간 우리 몸에 좋은 엔도르핀이 나온다고 한다. 수동적 취미는 몰입도가 4% 정도인 반면, 능동적 취미는 몰입도가 47%로 훨씬 엔도르핀이 많이 나온다는 것이다. 수동적 취미는 TV 시청, 영화 보기, 책 읽기, 음악 감상 등 남이 하는 것을 그냥 보는 것이다. 특히 TV 시청은 하루 평균 세 시간 이상으로 여가시간 중 많은 비중을 차지한다. 능동적 취미는 글을 쓰고, 그림을 그리거나, 악기를 직접 연주하는 것이다. 게임은 보기만 하는 사람보다 직접 하고 즐기는 사람이 행복하다. 정신의학자이자 호스피스 운동의 선구자 엘리자베스 퀴블러 로스 박사는 우리의 삶을 지구별에 소풍 온 것으로 비유했다. 우리가 소풍을 온 것이라면 직접 놀이에 뛰어들어야 한다.

취미 활동을 부부가 함께 하면 좋지만 맞지 않다면 각자의 취미를 존중해줘야 한다. '인자요산(仁者樂山) 지자요수(知者樂水)'는 인자한 사람은 산을 좋아하고, 지혜로운 사람은 물을 좋아한다는 논

어에 나오는 말이다. 남편은 산을 좋아하고 부인은 물을 좋아한다면 성향이 다름을 인정하면 된다. 좋아하는 취미를 서로에게 강요하지 말고 부부가 새로운 것을 같이 시작하는 것도 좋다. 취미가 같으면 남녀노소 상관없이 새로운 사람을 만나 친목을 도모할 수 있는 장점이 있다. 같이도 좋고, 다른 것을 해보고 각자의 취미에 대해 대화를 나누면 간접 경험할 수 있어서 좋다. 단, 취미를 선택할 때 주의할 점은 '선무당이 장비 탓한다'는 말이 있듯이 고급 악기, 고가의 등산복, 1년 학원 등록 등 의욕만으로 무리하게 선택하면 낭패를 볼 수 있다. 악기의 경우 중고나 입문자용 악기를 사서 해보고, 실력이 향상되고 악기에 대한 안목도 생길 때 마음에 드는 악기를 장만하면 된다.

아무리 좋은 취미라고 해도 자신에게 맞게 해야 한다. 나이는 숫자에 불과하지만 체력과 경제력은 숫자를 완전히 배제할 수 없다. 등산할 때는 관절에 무리가 가지 않도록 주의해야 하고, 해외여행이나 골프, 수상스키, 윈드서핑 등 경비가 많이 드는 스포츠나 취미 활동은 가정의 경제 상황에 맞게 횟수 등을 조절해야 한다. 또한 '노름판에 사흘 붙어 있으면 신령도 돈을 잃는다'는 말이 있듯이 경륜, 경마, 게임, 도박 등의 사행성 취미에 중독되지 않도록 주의하자. 경기에 베팅하고 응원하고 열광하는 것은 스트레스를 날려 보내고 기분전환도 되겠지만 사행성 도박은 절대 안 된다.

모든 것에는 때가 있다고 했다. 나는 어릴 적에 만화책에서 봤던 스케이트를 타보고 싶었지만 스케이트장이 없어서 가보지도 못했다. 김연아 선수처럼 스핀이나 점프는 못하더라도, 멋있게 스케이트장을 누벼보고 싶다는 생각을 지금도 갖고 있지만, 나이가 있기 때문에 골절상을 염려하지 않을 수 없다. 골다공증, 골밀도 검사도 하고 의사의 자문을 구한 뒤 신중하게 결정할 일이라고 생각한다. 어떤 취미를 선택하면 좋을지 은퇴를 앞둔 사람들에게 물어보면 대부분 등산이라고 답한다. 우리나라는 국토의 70%가 산이고, 도심에서도 크고 작은 산을 접하기 쉽기 때문이다. 이외에도 여가 활동으로 많은 비중을 차지하는 것은 혼자 있을 때는 TV 시청, 사람을 만났을 때는 음주 등이 있다. 취미의 종류는 정말 다양하다. 동적인 운동과 정적인 취미, 혼자 하는 취미와 같이 하는 취미, 계절에 따른 취미 등 다양한 분야를 고려해보고 선택할 수 있다.

활동량이 줄어든 은퇴자들의 취미 생활 중 운동은 필수다. 퇴직을 하고 생활 패턴이 바뀌면 걷거나 움직일 일이 적어지고, 신체 활동량이 크게 줄어든다. 같은 활동만 반복하고 일부 근육만 쓰면서 점점 건강이나 체력이 상실될 우려가 있다. 스트레칭, 체조, 댄스, 야외 활동 등은 매일 꾸준히 해야 한다. 수영은 전신운동이 가능하고 관절에도 큰 무리가 없어 노후에 적합한 운동이다. 수영이 어렵다면 음악을 틀어놓고 흥겹게 물속에서 체조하는 아쿠아로빅도 인기가 좋다. 등산은 근력 강화 및 심폐 기능이 향상되고 정상에 올랐을 때 성취감을 느낄 수 있다. 낚시는 자연 속에서 강태공이 세월을 낚듯이 여유로움을 만끽할 수 있다. 미술은 소질이 없더라도 그림을 그리는 동안 마음이 차분해지고 힐링이 된다. 악기를 배우면 음악을 더 깊이 있게 들을 수 있고, 실력이 향상되면 성취감을 느낄 수 있다. 노래를 부르는 것은 가사에 심취되어 자신의 감정 상태도 알 수 있고 스트레스 해소에 도움이 된다. 피아노는 감성이 풍부해지고 양 손가락 운동으로 좌뇌와 우뇌 모두 발달되어 치매가 예방된다. 외국어를 배우면 세상을 더 넓게 볼 수 있는 것은 물론 해외여행을 갔을 때 더 재미있고 머리에도 좋다.

평생진흥교육원의 '서울시 평생학습포털', 경기도의 '지식(GSEEK)' 등 17개 시도에서 국민평생교육 학습장을 운영 중이다. 모든 국민에게 학습 기회를 제공한다는 취지에 맞게 생애 주기별로 인문학, 문화예술, 어학, 자격증 등 100여 가지가 넘는 다양한 온라인 강좌가 있다. 특히 베이비부머 세대를 포함한 중장년층에 초점을 맞춰 교육 서비스를 제공한다. 사이버 강좌는 무료이고 오프라인 강좌의 경우에는 실습비가 있다. 구민회관, 복지관, 주민센터에서는 건강(요가, 댄스), 체육(탁구, 배드민턴), 예능(음악, 미술), 컴퓨터, 문화강좌 등 다양한 프로그램을 배울 수 있고 65세 이상은 30~50% 할인 혜택도 있다(국가평생학습포털 늘배움 www.lifelongdu.go.kr).

취미와 여가 생활을 어떻게 활용하는가에 따라 삶의 질이 달라질 수 있다. 준비 없이 은퇴를 맞이하고, 대부분 시간을 집에서 혼자 TV만 보다가는 우울증이 생기기도 한다. 프랑스에서는 중산층의 기준을 "외국어를 하나 이상 말할 수 있어야 하고, 직접 즐기는 스포츠가 있고, 악기 하나 정도는 다루고, 남들과 다른 맛을 내는 요리를 만들 수 있어야 한다"라고 한다. 그동안은 시간도 돈도 여유가 없었고, 문화 생활을 하거나 예·체능을 배울 기회도 많지 않았다. 배우고 싶은 의지만 있다면 무료강좌도 얼마든지 있다. 은퇴 후에는 프랑스식 중산층이 되어보는 것도 좋을 것 같다.

글쓰기를 통해
나를 돌아본다

글쓰기는 우리 삶에 어떤 영향을 미칠까? 하버드대학 교수진이 학생들을 대상으로 쓰기 과제물 수행과정을 분석한 결과, 글쓰기를 통해 문제의식을 갖고 새로운 세계를 발견하는 과정을 거친 학생들의 학업 성취도가 그렇지 않은 학생보다 더 높았다. 연구자인 서머스 교수는 "글쓰기는 세상을 더 멀리, 더 넓게, 더 깊이 볼 수 있도록 하며, 궁극적으로 세상을 보는 자신만의 렌즈를 개발하도록 하는 것"이라고 했다. 가볍게 감사 일기부터 시작해서 글 쓰는 습관을 들여보자. 글쓰기는 우리의 일상과 삶을 의미 있게 바꾸어 놓을 수 있다.

미국 필라델피아의 긍정심리학센터는 인터넷 참여자 400여 명을 대상으로 일주일 동안 하루에 세 가지 감사한 일을 쓰게 했다. 그 결과, 참가자 중 우울증을 앓던 사람들은 우울 증세가 감소하고, 동시에 행복감은 증가했다. 미국 토크쇼의 여왕 오프라 윈프리는 어릴 때 사촌 오빠에게 성폭행을 당해 14세에 출산했으나 아기가 2주 만에 사망하게 되고, 청소년기에 가출해서 마약을 일삼았다. 그런 그녀가 힘들었던 과거를 딛고, 지금의 자리에 있을 수있는 건 '감사 일기' 덕분이었다. 그녀는 수십 년째 하루도 빠지지않고 감사 일기를 쓰고 있다. 그녀는 "인간은 환경을 탓하면 패배자가 되고, 그것을 적극적으로 이용하면 승리자가 될 수 있다"라고 말한다.

감사 일기를 쓰는 법은 먼저, 수시로 적을 수 있는 노트를 준비하고, 하루에 세 개씩, 일주일 이상, 사소한 것부터 구체적으로 쓴다. "오늘 아침에 눈떠서 감사합니다", "물을 마실 수 있어서 감사합니다", "따뜻한 물로 샤워할 수 있어서 감사합니다", "향긋한 커피 향을 느낄 수 있어서 감사합니다", "아침 운동을 할 수 있어서 감사합니다" 등 사소한 것 하나라도 매일 꾸준히 적는 게 중요하다. 감사도 습관이 되면 당연하게 여겼던 모든 것들에 대해 불평, 불만대신 감사함을 느낄 줄 아는 행복한 사람이 되어 있을 것이다.

매일 감사할 일에는 뭐가 있을까? 사실, 눈을 뜨고 숨을 쉬는순간부터 소중하고 감사할 일이다. 나는 몇 년 전 급성후두염으로입원한 적이 있다. 그때 나는 낚싯바늘에 걸려 물 밖으로 나온 물고기가 아가미를 들썩들썩하듯 간신히 숨을 쉴 수 있었다. 그때병상에 누워 간절하게 생각한 것은 숨이라도 편하게 쉬었으면 하는 것이었다. 생각해보면 감사할 일이 많은데 우리는 부족한 것,

갖지 못한 것에만 불만을 갖는다. 감사하는 마음이 평온과 풍요로움을 주고 행복을 알게 해준다는 것을 잊지 말자.

하루 일과를 돌아보며 일기를 쓰는 것도 좋다. 일기는 상대가 없어도 언제든지 이야기할 수 있는 좋은 친구다. 일기를 쓰면 자신의 행동에서 나타나는 부정적인 태도, 불안정한 생각 등을 되돌아볼 수 있다. 좋지 않던 순간들도 적어봄으로써 잘못을 반복하지 않게 되고, 어려운 상황도 지나간다는 것을 깨닫고 미래에 대한 의지가 생긴다.

《안네의 일기》를 쓴 안네 프랑크는 "모든 사람들이 매일 밤 잠들기 전에 자신의 생각과 하루의 일들을 돌아보며 반성할 수 있다면 정말 고귀한 삶이 될 것이다. 그러면 매일 아침 자기도 모르게 더 나은 사람이 되려고 노력하게 될 것이다"라고 했다. 안네는 자신의 일기장을 '키티'라고 불렀는데, 누구에게도 말할 수 없는 속마음을 '키티'에게 털어놓았다. 그녀는 일기장에 "종이는 인간보다 더 잘 참고 견딘다"고 적었다. 안네의 어머니는 은신처에서도 글쓰기에 열심이었던 안네를 "보다시피, 우리 딸은 작가랍니다"라고 자랑스럽게 말했다고 한다. 1942년부터 2년 동안 일기를 쓰다가 1944년에 붙잡혀서 수용소로 가면서 일기 쓰기는 중단이 되었고, 안네는 병이 들어 수용소에서 죽음을 맞게 된다. 그녀가 죽은 후 유일한 생존자였던 아버지에 의해 안네의 일기가 출간되었다. 안네의 말처럼 종이가 인간보다 더 잘 버텨낸 것이다.

글을 쓰면 더 많이 생각하게 되고, 기억하게 되고, 그것은 기록으로 남는다. 어느 날은 좋아서, 어느 날은 화나서, 어느 날은 궁금해서, 어느 날은 무료한 대로 그냥 써보자. 내가 원하는 것이 무엇인지, 삶에 있어서 소중한 것은 무엇인지 알 수 있다. 내가 쓴 글을 통해 다른 사람에게 나를 표현할 수도 있다. 글을 쓰려면 부담을 갖지 말아야 한다. '어렵다는 생각을 버린다', '매일 꾸준히 쓴다', '생각날 때마다 쓴다' 이 세 가지 기본 원칙을 반복해서 글을 쓰는 습관이 들면 이미 반은 성공한 셈이다. 그렇다면 재능이 없는 사람도 글을 잘 쓸 수 있을까? 유시민 작가는 "글에는 재능이 중요한 장르와 덜 중요한 장르가 있다. 문학적 글은 무언가 지어내는 상상력과 감수성이 있어야 하지만, 논리적인 글은 신문기사나 보고서처럼 논리가 정확하고 문장을 깔끔하게 쓰면 된다"라고 말한다. 문학적 재능이 없어도 논리적인 글은 누구나 습관을 들이면 잘 쓸 수 있다.

글쓰기는 내가 세상 밖으로 걸어나가지 않아도 활동할 수 있고, 오히려 세상이 나를 향해 관심을 갖고 들어오게 만들 수도 있다. 은퇴자들이 두려워하는 것은 자기 이름 앞에 없어진 직함처럼 자신의 존재가 사라져가는 것이라고 한다. "노인 한 명이 죽는 것은 도서관 하나가 불타는 것과 같다"라는 말이 있듯이 우리는 지혜와 경험이 가득한 살아있는 도서관이다. 그동안의 삶의 지혜와 경험을 글로 표현해서 엮으면 그것은 책이 되고, 훌륭한 작가가 될 수 있다.

높은 직책을 맡았던 지인이 퇴직하면서 주변 사람들과 연락을 스스로 차단해버렸다. 퇴직 후 묵직한 직함을 내려놓으니 우울해서 사람도 안 만나고, 외출도 거의 안 한다는 소식을 전해 들었다. 그러다 평소에 책을 읽고, 글을 쓰는 것을 좋아하던 그분은 블로그에 글을 쓰기 시작했고, 올린 글이 쌓이자 방문자 수도 많아지면서 책을 내게 되었다. 퇴직 후 허전함을 글쓰기로 달래다가 작가가 된 것이다. 그 선배님은 지금이 자신에게는 제일 행복한 전성기라고 한다. "틈틈이 글을 쓰다 보니 내가 모르는 것이 너무 많다"고 하며 도서관이나 대형 서점에서 자료수집을 하고 공부하느라 바쁜 시간을 보내고 있다.

글은 쓰면 쓸수록 더 나아지고 쓴 만큼 쌓여간다. 나이가 들면 세포도 늙어가고 소진되는데, 글은 쓸수록 더 발전하고 나아진다니 그 사실만으로도 즐거운 일이다. 써놓고 다시 읽어보면 유치한 생각도 들지만, '아 그땐 그랬지' 하는 생각에 혼자 웃는 일도 있을 것이다. 욕심을 내려놓고 자주 쓰다보면 글쓰기를 좋아하게 되고, 좋아하면 잘하게 된다.

13년 차 전업작가이자 '이상민 책쓰기 연구소'를 운영하는 이상민 대표는 "지금 한국사회는 성공에 대한 완벽주의가 강박증처럼 자리를 잡고 있다. 완벽하게 써야 한다는 생각을 버리면 누구든지 책을 쓸 수 있다"고 말한다. 글을 쓰는 것이 마냥 즐겁지 않을 수도 있다. 나는 정성을 다했는데 사람들이 관심을 주지 않거나 혹평으로 인해 상처를 받을 수도 있다. 하지만 다르게 생각하면 이것은 세상과 내가 소통하고 있다는 증거다. 아무것도 하지 않으면 아무 일도 일어나지 않는다. 나이 들었다고, 세상이 나를 원하지 않는다고 그저 세월만 보낸다면 살아있는 소중한 시간을 죽이는 일이다. 글쓰기에는 은퇴가 없다. 내가 종이를 앞에 두고, 함께 생각하고 표현하는 한 영원한 현역이고, 작가는 평생 직업이다.

버킷리스트가 있다면
미루지 말고 해본다

꽤 오래된 조사로 기억되지만, 취업포털 잡코리아가 남녀 직장인 1,144명을 대상으로 '직장인이 꼭 해야 할 것'에 대해 조사한 결과, '10년 후 계획 세우기'가 전체의 71.8%를 차지하며 1위에 올랐던 적이 있다. 이는 자신의 인생을 돌아보고, 앞으로의 나아갈 길을 진지하게 고민하는 시간을 갖고 싶다는 의지가 표현된 것으로 바꿔 말하면 내가 무엇을 해야 할지 생각해볼 겨를도 없었다는 의미로도 해석된다.

'버킷리스트'란 죽기 전에 꼭 한 번쯤은 해보고 싶은 일들을 정리한 목록을 의미한다. 사람들은 버킷리스트를 통해 그동안 살아온 인생을 점검해보고, 앞으로 살아가는 데 목표를 정해 꼭 하고 싶은 일을 함으로써 후회 없는 인생을 살고 싶은 것이다. '나중에, 이다음에'라고 계속 미루다가 하고 싶은 일들을 영영 못 하는 경우가 많다. 시간은 영원하지 않고, 어떤 사람도 세상에 영원히 남을 수 없기 때문에, 못 해보고 죽은 자의 아쉬움과 후회만이 남게 된다. 시간이 오늘뿐이라면 당장은 무엇을 하고, 일 년이 남았다면 어떻게 살고 싶은지 계획하는 것이 후회를 줄이고 매 순간을 행복하게 사는 비결이다.

법륜스님은 "잘난 인생은 높은 자리에 올라 성공하는 것이 아니라, 내일 죽어도 여한이 없는 삶이다. 원하는 것을 이루지 못해 인생이 괴로운 것은, 다 이루어야 한다는 생각 때문이다. 이 생각을 버리면, 이루어지면 좋고 안 이루어져도 그만이다. 조건이 나쁠 때는 조건이 좋아지기만 바라다가 눈이 멀고, 막상 조건이 좋아지면 좋은 조건이 사라질까 봐 전전긍긍(戰戰兢兢)한다. 그렇게 한 번도 제대로 행복해보지 못한 사이에 시간은 재빠르게 흘러간다. 행복은 단박에 깨닫는 게 중요하다. 죽기 전에서야 깨닫는 것은 너무나 어리석은 일이다"라고 말씀하셨다.

'죽어도 여한(餘恨)이 없다'는 것은 지금 당장 죽어도 남아 있는 한이 없다는 뜻이다. 과연 어떻게 살고, 얼마만큼 이루어야 이런 심정일까? 우리 부모님들은 "이제 내가 자식들에게 바라는 것을 모두 이루었으니 편히 눈감을 수 있다"라는 의미로 많이들 쓰신다. 자식들 밥 안 굶기고, 공부 가르쳐서, 결혼시키는 것이 부모님들의 버킷리스트였다. 물론 자식을 위해 헌신하는 것은 아름다운 일이지만, 그렇다고 자신의 꿈을 포기해서는 안 된다. 요즘은 초등학교 학생들도 버킷리스트를 작성한다. 자신의 삶이 무엇보다 소중하다는 것을 알고 있기 때문이다. 무엇보다도 소중한 것은 내 인생이다. 태어나는 순간부터 우리에게 죽음은 예정되어 있고, 황금보다 소중한 것이 지금이다. 미루고 미루다 후회하지 말자. 과연, 사람들은 어떨 때 가장 많이 후회할까?

1. 누군가와의 악연을 남겨둔 것
2. 운동을 열심히 하지 않은 것
3. 남자, 여자를 구분 짓고 얽매여 산 것
4. 고맙다, 사랑한다는 말을 자주 하지 못한 것
5. 지나치게 걱정을 많이 한 것
6. 너무 남의 기준에 맞춰 산 것
7. 부부가 함께할 취미를 만들지 못한 것
8. 내 부모한테 잘하지 못한 것
9. 돈을 모아두지 못한 것
10. 자식들과 대화를 많이 하지 못한 것

삶은 유한하기 때문에 순간순간이 더욱 소중하다. 맛있는 음식을 먹는 순간, 더운 여름 땀을 식혀주는 시원한 바람, 첫사랑에게 고백을 받고 가슴이 뛰는 순간, 전력질주해서 골인하는 순간에 우리는 죽어도 좋을 만큼의 행복감을 느낀다. 정말 죽어도 좋다는 뜻은 아니다. 긴 시간의 노력과 기다림 끝에 짧게 주어지는 순간적인 기쁨이 아쉽고 간절하기 때문에 그 순간을 잡아두고 싶은 것이다. 아무런 계획 없이 사는 것보다, 버킷리스트를 작성하는 자체가 삶의 활력소가 된다. 자신이 만들어놓은 버킷리스트를 하나씩 해낼 때마다 성취감도 느끼고 행복감도 두 배가 된다. 막연히 그날그날 시간을 보내는 것보다, 목록을 작성해서 달성하고, 새로운 목표를 정하면 삶을 내가 원하는 방향으로 이끌 수 있다. 인생을 긴 여행이라고 한다면 내비게이션에 행선지를 정하고 달리는 것처럼, 버킷리스트가 있고 없고는 삶의 방향과 속도에 차이를 만들어낸다.

버킷리스트를 작성하는 방법은 어렵지 않다. 가고 싶은 곳, 하고 싶은 일, 만나고 싶은 사람 등 굵직한 목록을 작성한 다음 세분화해보자. 여행은 국내인지 해외인지, 며칠 동안인지, 누구랑 갈 건지, 언제 갈 건지 등 상세하게 작성한다. '주 1회 봉사활동 꼭 참석하기', '배우자가 좋아하는 반찬 만들기', '한 달에 한 번 여행 가기' 등 사소하지만 소소한 기쁨을 주는 일상적인 것들로 적는 것이 좋다.

만약 나에게 버킷리스트를 작성해보라고 한다면, 가장 마음에 걸리는 일이기도 한 '부모님의 임종 끝까지 지켜드리기'를 쓰고 싶다. 세상에서 제일 훌륭한 나의 아버지는 새벽 3시 50분에 중환자실에서 홀로 운명하셨다. 자식들이 부랴부랴 병원의 연락을 받고 도착했을 때는 이미 떠나셨다. 생사는 하늘의 뜻이라지만, 적어도 버킷리스트 목록에라도 적어두었다면 이런 일은 없었을지도 모른다. 아무리 바빠도 좀 더 자주, 오래 곁을 지키고 있었다면 홀로 가시게 하지 않았을 텐데, 많이 후회된다. 생각해보면 바쁜 것이 바쁜 것도 아니었고, 중요한 것이 중요한 것도 아니었다.

2020년 세계는 코로나19 바이러스의 공포에 쌓여 있다. 전 국민이 마스크 하나로 바이러스와 싸우고 있다. 감염되면 격리치료를 받다가 가족들과 작별 인사도 못 하고 혼자서 생을 마무리할 수도 있겠구나 생각하니 순간순간 잘 사는 게 중요하다는 생각이 절실해진다. 언제 죽을지 모른다는 생각에 사로잡혀 괴롭게 살 것인지, 내일 죽어도 여한이 없을 만큼 지금 행복하게 살 것인지는 내가 선택할 수 있다. 지금 할 수 있으면 지금 하고, 오늘을 행복하게 살자.

취미와 놀이도 함께할 때
시너지가 커진다

노후의 여가 생활과 인간관계는 행복을 결정짓는 매우 중요한 요건이다. 호주의 연구팀이 〈역학·공동체 건강 저널〉을 통해 발표한 내용에 따르면 70세 이상 시니어 1,400명을 대상으로 조사한 결과 "친구들과 교제를 하는 사람들이 그렇지 않은 사람들보다 더 건강한 삶을 유지했다"고 한다.

사람들은 일반적으로 자신이 좋아하는 악기를 연주하거나 운동을 하면서 행복과 재미를 느끼고 삶의 활력을 찾는다. 혼자서 좋아하는 취미를 즐기는 것도 재미있지만, 취미나 관심사가 같은 사람들이 모여서 함께 어울리는 것도 좋다. 활발한 동호회 활동은 은퇴 후 좁아진 인간관계를 넓혀줄 수 있고, 사람들의 기본적 욕구 중 하나인 소속감의 욕구를 충족시킬 수 있다. 열심히 일하는 것을 최고의 미덕으로 살아온 시니어 세대에게 여가나 취미는 뒷전이었지만, 누구나 인생을 즐겁게 살고 싶어 한다. 동호회(同好會)는 말 그대로 취미나 관심이 같은 사람들이 서로 정보를 공유하고 나누는 모임이다. 취미 활동도 적극적으로 꾸준히 해야 발전하고, 흥미가 생긴다. 혼자 하면 흐지부지 중도에 포기할 염려가 있지만, 동호회 활동만 열심히 참여해도 지속적으로 향상될 수 있다. 동호회에는 그 분야의 고수가 있고 초보도 있어서 서로 가르쳐주고 배우면서 성장한다.

무엇을 시작할지, 어떤 동호회에 가입할지 고민이 된다면 인터넷이나 어플을 이용해도 좋다. 평소에 배우고 싶었던 취미, 하고 싶었던 운동, 여행 등의 관심사, 활동 지역과 나이, 성별, 주요 목적 등에 따라 선택해서 가입하고 활동하면 된다. 마음에 드는 동호회가 없다면 몇몇 사람을 모아 직접 운영하면 된다.

예를 들어, 악기 동호회는 연주 봉사활동도 하고 정기연주회를 준비하는 동안 실력이 향상된다. 여행 동호회는 시간이 맞는 날 선택해서 출발할 수 있고, 단체할인으로 비용이 절감된다. 독서 동호회는 책을 읽고 서로의 다른 생각과 느낌을 토론하고 생각을 확장시킬 수 있다. 자전거 동호회는 평소에는 개인 라이딩을 하고, 가끔 단체 라이딩으로 확장된 즐거움을 느낄 수 있다. 카메라 동호회는 서로 모델이 되어주기도 하고 좋은 촬영지를 개발해 함께 갈 수 있다. 골프 동호회는 회원권이 없어도 부킹이 가능하고, 언제든지 팀 구성이 가능하다. 귀농귀촌 동호회는 농사짓기, 마을 주민과 친분 쌓기, 정부지원과 신청방법 등 배울 것이 많다. 황토

집 짓기 동호회는 설계와 건축자재와 구입 정보를 얻고 집짓는 현장에서 서로 돕기도 한다. 연주회나 동호인 대회 등 목표를 정하고 경쟁하는 것은 서로에게 자극도 되고 실력 향상 효과가 있다. 지차체 등에서 행사를 지원하는 시니어 합창대회, 시니어 연주회, 전국 생활체육대회 등 다양한 동호회 모임과 행사에 참여하면 색다른 분위기를 느끼고 재미도 느낄 수 있다.

'한국 시니어클럽 연합회'에서 운영하는 재능 나눔과 노노(老老) 케어, 경륜 전수 활동은 의미 있고, 보람도 느낄 수 있다. 노노 케어는 독거노인이나 거동이 불편한 노인, 경증 치매노인 등 취약한 노인 가정을 방문해 말벗이 되어 주는 활동이다. 취약계층 지원은 다문화가정, 한부모가족 아동 등 취약계층 사람들에게 상담과 교육 및 정서적 지원을 한다. 경륜 전수 활동은 자신이 갖고 있는 경험과 지식, 삶의 지혜를 전수하고 공유하는 활동이다.

'송파 뮤즈오케스트라'는 20대부터 70대까지 다양한 연령대의 단원들로 구성되어 있다. 송파여성문화회관에서 바이올린, 첼로, 클라리넷 수업을 받던 수강생들이 "오케스트라를 해보자!"라며 시작했다. 평소에는 매주 1회 수요일 오전에 연습하고, 정기공연이 있을 때는 파트별 연습과 전체 연습을 한다. '송파 뮤즈오케스트라'는 2015년 세종문화회관에서 열린 '서울 생활예술오케스트라 축제'에서 대상을 수상했고, 그 특전으로 세종문화회관 대강당에서 단독 정기 연주회도 했다. 이들은 연습할 때는 전문가들보다 10배 이상 노력하느라 힘들지만 소리를 맞춰가는 과정 자체를 즐긴다. 이들과 오케스트라는 이미 '평생 함께할 친구'가 되었다.

요즘은 개인의 취미와 관심에 맞게 선택할 수 있는 '살롱커뮤니티 문화'가 유행이다. 처음에는 20~30대 직장인을 중심으로 시작되었고, 지금은 신중년층으로까지 확산되었다. 살롱이란 18세기 프랑스에서 귀족들이 문학과 예술, 음악 등을 즐기던 사교 모임에서 발전되었다. 당시 살롱 문화를 통해 귀족과 예술가들은 자유와 예술을 토론하고 비평하면서 예술과 낭만을 즐겼다.

지금의 살롱 문화는 자유롭고 수평적인 관계 속에서 자신의 취향 이야기를 하고, 순수하게 소통하면서 다양한 형태로 발전하고 있다. 살롱 문화는 비슷한 취향이나 관심사를 가진 사람들이 모이는 형태라는 점에서 동호회와 비슷하나, 모임의 주제에 따라 한층 전문적인 성격을 가진 것이 특징이다. 북클럽, 소믈리에, 책 쓰기, 영화 감상, 미술작품 감상, 클래식 감상 등 다양한 관심과 취미를 공유한다. 서로의 다양성을 인정하고, 예의를 지키며 생각을 공유하고 자신의 의견을 전달한다. 회원제나 기수제가 아니라 상시로 신청할 수 있고, 프로그램이 끝나면 모임도 끝나기 때문에 만남에 대한 부담이 없다. 취향이 비슷한 사람들끼리 부담 없이 자유롭게 이야기하면서 즐겁고, 재미있는 시간을 보낼 수 있다.

소셜 살롱(Social Salon)은 보통 3개월 단위 프로그램이고, 주 1회 또는 격주로 모임을 갖는다. 주어진 다양한 주제에 대해서 이야기하고 서로 소통하는 형식이다. 마음에 드는 주제를 보고 사전 접수해서 들어가면 된다. 비용은 평균 25만 원(1회당 3~4만 원)이다.

'이렇게 생각하는 사람도 있구나', '저런 경험을 해본 사람도 있구나' 하고, 다양한 분야와 폭넓은 연령대 사람들의 삶의 방식을 엿볼 수 있고, 개인의 취향과 다양성을 존중한다.

나는 살롱은 아니지만, 회의나 교육의 원활한 진행을 돕는 역할을 하는 퍼실리테이터(Facilitator) 강의 기법을 배우러 간 적이 있다. 교육에 참여한 연령층은 주로 2, 30대였다. '직장생활에서 느껴지는 불편함'이라는 토론 주제로 각자의 생각을 자유롭게 나눠 보니 '내가 이렇게 꼰대였던가?' '내가 편협한 생각을 가졌구나'라는 생각이 들었다. 나와 함께 근무하는 젊은 후배들도 생각이 다르지 않을 텐데, 표현을 안 하니 알 수가 없었다. 나이도 다르고 직업도 다른 사람들의 솔직하고 다양한 의견을 듣는 것은 소통할 수 있는 좋은 방법이다. 요즘은 "나 때는 말이야", "내가 왕년에는"을 입에 달고 다니는 사람을 꼰대라고 한다. 시니어가 오래된 꼰대 허물을 벗어야 나비처럼 자유로운 세상을 살 수 있다.

세상은 넓고 동호회는 많다. 뭐든지 해보고 싶은 호기심과 배우고자 하는 의지만 있으면 몇 백 년을 살아도 못 해볼 정도다. '어모털(Amortal)족'은 '나이를 잊고 평생을 젊게 사는 사람들'이라는 의미의 신조어이다. 인기 시니어 유튜버와 블로거, 70대에 랩을 시작한 연예인도 있다. 성향이나 취미가 같고 자신과 생각이 같은 사람을 만나는 것도 좋지만, 호기심을 발휘해서 파격적인 이색 취미 활동을 시작하는 것도 좋다. 나이가 가진 편견에 맞서 여가 및 사회활동에 적극적으로 참여하면서 즐겁고 신나는 삶을 살자.

취미도 돈벌이가
될 수 있다

요즘 취미를 직업으로 만드는 사람들이 생겨나고 있다. 자신이 좋아하는 문학이나 음악 또는 특정한 것을 수집하는 것을 '덕질'이라고 하는데, 거기에서 발전해 '덕업일치'란 '덕질과 직업이 일치한다'는 의미로 평소의 관심사와 취미 활동이 직업이 되는 것을 말한다. 이외에도 취미를 발전시켜 창업하는 것을 말하는 '하비프러너(Hobby-preneur)', 취미(Hobby)와 직업(Occupation)을 결합시켜 만든 '호큐페이션(Hoccupation)'이란 말도 있다.

이런 신조어가 생긴 것은 좋아하는 취미나 일상 속에서 잘하는 일을 직업과 창업으로 연결할 수 있는 시대이기 때문일 것이다. 덕질을 한다고 모든 사람이 그 분야에서 최고가 될 수는 없지만, 성공한 사람들은 거의 그 방면에 푹 빠진 덕후였다. 공자는 "아는 사람은 좋아하는 사람만 못하며, 좋아하는 사람은 즐기는 사람만 못하다(知之者不如好之者, 好之者不如樂之者)"고 했다. 사람들은 자기가 좋아하고, 하고 싶은 것을 할 때 최상의 결과를 낸다. 자신의 취미와 어느 정도 연관성이 있으면 일의 효율이 올라간다는 뜻이다.

반면에 "좋아하는 일을 할 수 없다면, 하는 일을 좋아하면 된다"라는 말도 있다. 조선후기의 문신 심노숭(沈魯崇)의 《남천일록(南遷日錄)》에 등장하는 조선시대의 송세흥은 짚신 재벌이다. 송세흥은 낮에는 품팔이 노릇을 하고, 밤에는 짚신을 삼았다. 나중에 큰 재산을 가진 부자가 되어서도 "나는 이것으로 집안을 일으켰으니 잊을 수 없다"며 짚신 삼는 일을 그만두지 않고 열심히 했다. 마을에 어려운 일이 있으면 큰돈을 내놓았고, 강에 돌다리를 놓아주기도 했다. 마을 사람들은 지금의 기장군 기장읍에 '청강교비(淸江橋碑)'를 세워 보답했다. 송세흥은 98세에 죽음을 맞이했고, 그의 상여를 맨 일꾼들은 그가 직접 삼아 준비해놓은 짚신을 신고 그를 떠나보냈다고 한다.

세계적인 발레리나 강수진의 유명한 발 사진을 보면 굳은살이 박여 흉할 정도로 발이 망가졌다. 발레리나들은 토슈즈를 신고, 발끝으로 걷기 때문에 발의 붓기와 염증이 가실 날이 없는데, 이를 진정시키려면 한겨울에도 얼음물에 발을 담그면서 훈련을 한다고 한다. 그런데도 고통을 참는 이유는 딱 하나 "좋아서"라고 그녀는 한마디로 대답했다. 좋아하는 열정과 그 일에 맞는 재능을 가져야 일도 빛나고 나도 빛난다는 사실을 새삼 깨닫는다.

취미가 직업이 되려면 내가 좋아하는 일이어야 하고, 열정을 끝까지 발휘해 포기하지 않고 꾸준히 노력할 수 있어야 한다. 요즘 자신의 꿈과 목표가 분명한 시니어 덕후들이 여러 분야에서 눈에 띄는 활발한 활동을 하고 있다.

"무슨 일이 있어도 이 일을 해야겠다"

시니어 모델인 최순화(78세) 씨는 70세의 나이에도 병간호 일을 했고, 72세 나이에 모델의 꿈을 버리지 못하고 모델 학원에 등록했다. 일하면서도 틈틈이 배운 것을 복습하며 꾸준히 노력하던 그녀가 모델의 꿈을 이룬 것은 무슨 일이 있어도 이 일을 해야겠다는 다짐과 열정 덕분이었다고 한다. 꿈을 이룬 지금도 그녀는 높은 하이힐을 신고 워킹 수업을 받고 있다.

"도전하는 데 있어 나이는 걸림돌이 될 수 없다"

보디빌더인 임종소(75세) 씨는 2년 전 오른쪽 다리에 심한 통증으로 '척추관협착증' 진단을 받고, 계단을 오를 때면 난간에 매달려 겨우 올라갈 수 있었다. 재활운동을 시작하면서부터 몸이 회복되고 건강해지면서 보디빌더 대회에 출전해서 입상까지 했다. 그녀는 운동을 시작하기 전까지만 해도 자신보다는 가족을 위해 살았는데, 지금은 자기 건강을 챙기면서 활기차고 즐거운 삶을 살고 있다.

"이 반찬은 내가 최고"

충남 홍성군 홍동농협에 자리한 '할머니 반찬' 가게는 70대 할머니 일곱 명이 함께 운영한다. 할머니들은 집에서 만든 반찬을 주말에 마을 공터에서 관광객에게 팔기 시작했다. 지금은 로컬푸드 직매장 한쪽을 무료로 임대받아서 운영 중이며, 매주 신메뉴를 개발해 선보인다. "어릴 적 엄마가 해주시던 맛이 생각나 자주 찾는다"라며 입소문이 났고, 손님이 늘고 손이 부족할 정도라고 한다.

"새와 함께 하는 풍요로운 삶"

시니어 명품 숲해설가 김 선생님은 수학교사였다. 명퇴 후 숲해설가가 되면서 자신의 삶에 새가 날아들어 인생이 풍요로워졌다고 표현한다. 선생님은 어릴 때부터 심장이 약해서 산을 자주 오르면서 체력도 다지고, 은퇴 후에는 수목원과 휴양림에서 숲해설가를 해왔다. 숲해설을 잘하려면 새를 알아야 한다는 말을 듣고 새에 관심을 갖게 된 후 숲해설가 활동뿐만 아니라 새 둥지 만들기, 두루미 먹이주기 등 새를 지키기 위해 열정을 쏟는 재미에 빠졌다.

"이것저것 배우고 모으다 보니 기회가 생겨서"

'LP판', '7080 추억의 물품', '수석' 등 특정한 주제의 수집품들을 전시하는 작은 박물관이나 카페를 여는 것도 '덕업일치'다. 사진을 찍고 여행을 다니는 것을 좋아해서 자료를 수집하다 책도 쓰고 여행 사진작가가 되기도 한다.

세렌디피티(Serendipity)란, 당초 목적한 바와 관계없이 그 과정에서 몰랐던 것을 발견하는 현상을 말한다. 예기치 않은 행운, 운 좋은 발견, 우연한 행운이라고 하겠다. 아마존(Amazon)의 창업자 제프 베이조스는 차고에서 중고 책 몇 권을 판 경험이 자신의 세렌디피티라고 했다. 페이스북 설립자 마크 저커버그는 하버드대학교 재학 중에 기숙사 여학생들 사진의 데이터를 모아 얼굴을 비교해 점수를 매기게 하는 페이스 매시(Facemash)라는 사이트를 만들었다가 개인정보 유출 등으로 물의를 일으킨 학생이었다. 그는 이 사이트가 높은 인기를 얻었던 것에서 영감을 얻어 지금의 페이스북을 탄생시켰다.

취미를 직업으로 바꾸려면 먼저 나 자신의 생각을 바꿔야 한다. '내가 할 수 있을까?' 하는 생각은 버리고 '내가 할 수 있다!'로 바꾼다. 나를 제일 방해하는 것은 환경도 아니고 재능도 아니고 나 자신이다. 지인 중에 클라리넷을 하는 분이 맨날 해도 실력이 늘지 않는다며 악기를 부숴버렸다고 한다. 손가락도 안 돌아가고 고운 소리를 내고 싶은데 자꾸 삑사리가 나니 화가 날 만도 하다. 다른 한 분은 꾸준히 배우고, 배운 만큼 간단한 곡을 교회 아이들에게 틈틈이 가르치며 즐겁게 실력을 키워나가고 있다. 우리가 당장 뭐가 되어야 하는 것은 아니다. 좋아하는 것을 하고 있는 순간을 우선 즐기는 것이 행복이다.

손재주가 있고 만드는 것에 흥미가 있는 사람들은 물건을 만들어 동네 공터나 놀이터에서 플리마켓을 열고 판매하거나 공방을 운영하기도 한다. '메이커(Maker)'는 뭔가를 만드는 사람이고, '금손'은 손재주가 있어서 이것저것 잘 만드는 사람을 지칭한다. '메이커'는 아날로그뿐만 아니라 웹, 컴퓨터, IT 모두를 포함한다. 중소벤처기업부 창업진흥원에서 주관하는 '메이크올(www.makeall.com)' 홈페이지를 검색해보면 3D프린터, 3D스캐너, 3D펜, 비닐 커터, 목공선반, 각도 절단기, 자동대패 등 50여 가지의 장비 대여 및 공간 활용이 가능하다. '뜨개질 모자', '에코백 만들기'부터 '3D프린터를 이용한 대형 캐릭터 모형 만들기' 등 다양한 프로그램, 멘토링, 창업 지원 등의 서비스도 받을 수 있다.

정부에서는 초고령사회에 맞춰 시니어들의 경험과 전문성을 발휘할 수 있는 여러 분야의 일자리 모델을 개발하고 있다. 과학자 파스퇴르는 "행운은 마음의 준비가 되어 있는 사람에게만 미소를 짓는다"라고 했다. 기회는 준비된 자만이 잡을 수 있다. 기회가 주어졌는데도 준비가 되지 않아서 놓친 경험이 한두 번쯤 있을 것이다. 꼭 돈을 벌기 위한 목적으로만 여기지 말고, 일단 취미 생활을 충분히 즐겨야 시너지 효과가 난다. 운 좋은 발견으로 행운을 잡는 멋진 인생이 되려면 즐겁게 최선을 다하자.

PART 6

관계

나이 들수록 돈보다
중요한 건 관계

　사람은 관계 속에서 살고 있다. 인간관계가 좋으면 행복하고 하는 일도 잘된다. 인간관계가 잘되지 않으면 마음도 불편하고 삶이 행복하지 못하다. 어떻게 하면 좋은 인간관계를 유지하고 행복한 삶을 살 수 있을까? 관계에도 기술이 필요하다. 대인관계 능력은 다른 사람의 생각이나 감정을 잘 이해하고 조화로운 관계를 유지하며, 갈등이 생겼을 때 원만하게 해결할 수 있는 능력을 말한다. 주변 사람들과 좋은 기운을 주고받을 수 있도록 인간관계를 잘 가꾸어야 행복한 노후를 보낼 수 있다.

　하버드대학 연구팀이 1938년부터 1979년 동안 724명의 인생을 추적한 결과, '대인관계가 원만한 사람이 건강하고 오래 산다'고 밝혔다. 연구진은 세 가지 결론을 도출했다. 첫째, 좋은 인간관계는 삶의 질을 높여주고, 외로움은 죽음에 이르게 한다. 가족과 친구 그리고 공동체와 많은 접촉을 하는 사람이 적게 접촉하는 사람보다 행복하고 장수했다. 둘째, 인간관계에 있어서 양보다 질이 중요하다. 갈등관계는 건강에 좋지 않으며, 중요한 것은 친구 숫자가 아니라 친밀도다. 셋째, 좋은 인간관계는 기억력을 증진시킨다. 자기가 힘들 때 기댈 친구가 있다고 생각하는 사람들은 명확하고 뚜렷한 기억력을 유지하고 있었고, 친구가 없고 의지할 곳이 없는 사람은 기억력이 일찍 감퇴될 확률이 높은 것으로 조사됐다.

우리는 학교를 졸업하고 직장을 다니는 동안 일 중심으로 만난 직장 동료들이나 거래처에서 알게 된 사람들을 만난다. 일을 바탕으로 이루어진 관계는 은퇴 후에는 만남의 기회가 점점 줄면서 나중에는 서로 연락도 안 하고 집에서 혼자 지내게 된다. 인터넷과 SNS의 발달로 사람들의 관계에도 큰 변화가 생겼다. 1인 가구가 급증하고 혼자서 밥을 먹고, 술을 마시고, 영화를 보는 혼밥족, 혼술족, 혼영족이 늘고 있다. 외부와 접촉을 완전히 끊고 혼자 사는 은둔형 외톨이도 점점 많아지고 있는 추세다. 젊은이와 달리 노인들이 은둔형 외톨이가 될 경우, 외로움에 의한 자살, 고독사 등이 발생하고 있어 심각한 사회문제로 대두되고 있다.

국가인권위원회가 2018년 실시한 노인종합보고서에 의하면 청년층의 80%가 노인에 대한 부정적 편견을 갖고 있는 것으로 나타났다. 보험연구원에 따르면 한국노인인력개발원이 실시한 고령자에 대한 인식조사에서 '노인은 다른 사람에게 잔소리를 많이 한다 (71.7%)', '노인은 실력보다 나이, 경력, 직위 등으로 권위를 세우려

한다(63.7%)'고 응답했다. 핵가족화로 세대 간 소통의 기회가 단절되면서 공동체를 중시하는 고령층과 개인주의를 선호하는 젊은층 사이의 가치관 대립이 심화됐다.[5]

　젊은 사람들은 기성 세대와 노인들의 훈계를 '꼰대의 잔소리'라고 폄하한다. 우리 세대가 왜 꼰대 취급을 받게 되었을까, 현실에서 노년의 삶은 빈곤하고 외롭고 힘들다. 사회적으로도 노인을 존엄하게 대우하기보다는 부양하고 책임져야 할 대상, 부담을 주는 존재라고 생각한다. 사회에서 존경과 인정을 받지 못한 불행한 노인일수록 '꼰대' 취급을 받게 되는 경우가 많다. 이러한 사회현상은 노인 혐오 등 세대 간 불협화음을 발생시킨다. 노인이 존엄하게 삶을 영위하기 위해서는 이해하고 소통하려는 노력이 필요하다. 젊은 세대와 소통을 잘 하려면 절대 이런 행동을 하지 말아야 한다.

젊은 세대와 소통하기 위해 절대 하지 말아야 할 행동

1. 고집이 세고 완고하며 자기 말만 한다.
2. 어린 사람 말은 틀리고, 나이 많은 내 말이 옳다.
3. 유능한 아랫사람을 시기하고, 하극상이라고 생각한다.

---

5) 오현길 기자, '도서관에서 큰소리로 통화한 노인과 다툼…"노인 혐오 확산"', <아시아경제>, 2020년 1월 18일자 기사 참조.

4. 나이를 계급장 삼아 강압적이며 권위주의적이다.

5. 다른 사람에게 피해나 상처가 되는 말이나 행위를 하고도 노인이라며 정당화한다.

6. 잘못한 일도 시인하지 않고, 오히려 상대를 버릇없다고 꾸짖는다.

7. 젊은이들의 갖은 고통과 고민은 나 때에 비하면 별것 아니라고 무시한다.

8. 학벌이나 직업으로 사람을 판단하고 차별한다.

9. 잘 씻지 않아 사방에 악취를 풍기고 불쾌감을 준다.

10. 지하철이나 공중장소에서 막무가내로 자기 편리를 추구한다.

나이 든 사람이 젊은 사람들과 소통이 되지 않는 이유는 본인의 기준으로 이야기하고, 같은 이야기를 반복하기 때문이다. 조지 오웰은 "모든 세대는 자기 세대가 앞선 세대보다 더 많이 알고, 다음 세대보다 더 현명하다고 믿는다"고 했다. 내가 권위를 내세워 잘난 체하고 무시하면 그 사람도 나한테 똑같이 대할 것이다.

내가 다른 사람을 바꿀 수도 없고, 바꾸려고 해서도 안 된다. 상대방을 있는 그대로 인정하고 존중해야 상대방도 나를 그렇게 대한다. 나이가 들어도 계속해서 배우고, 새로운 사람을 만나고, 다양한 이야기를 들어야 한다. 성숙한 어른은 점잖고, 타인을 배려하는 사람이다. 사람들과 좋은 관계를 유지하려면 다음의 네 가지를 명심하자.

1. 귀를 활짝 열어라

알고 있는 것도 경청하다 보면 새로운 것을 배우게 된다. 대부분의 사람들은 자기 이야기를 하고 싶어 한다. 이해인 수녀님도 "기껏 마음먹고 말하는데 아무도 관심 있게 들어주지 않을 때가 외롭다"고 말했다. 고개를 끄덕이면서 칭찬도 하고, 궁금한 점도 물어봐주면 말하는 사람도 자기가 인정받고, 존중받고 있다고 느끼며 서로 호감을 갖는 좋은 관계가 된다.

2. 입은 무겁게! 말을 줄이면 말실수도 줄어든다

상황에 맞지 않는 말을 해서 분위기를 깨거나, 쓸데없는 말을 해서 실없는 사람이 되지 말자. 아일랜드의 극작가 버나드 쇼는 "만일 당신이 누군가에게 무엇을 가르치려고 한다면 그 사람은 결코 그것을 배우지 못할 것이다"라고 했다. 내 말만 하지 말고 상대방의 관심사에 대해서 이야기하자. 재미있고 필요한 이야기가 아니라면 차라리 듣기만 하는 것이 낫다.

3. 표정은 밝게! 좋은 감정을 갖고 웃어주자

거울은 먼저 웃지 않는다. 내가 먼저 웃어야 웃는다. 자기를 좋아하고 웃으면서 반겨주는 사람을 싫어하는 사람은 없다. 체면과 권위로 표정이 굳어 있으면 관계를 막는 방패를 들고 있는 것과 같다.

4. 행동은 친절하게! 만남에 대해 감사한 마음을 갖자

로마의 정치가이자 학자인 키케로는 "감사하는 마음은 최고의 미덕일 뿐만 아니라, 모든 미덕의 아버지다"라고 했다. 어린 사람이라도 반말하지 말고 부드럽고 공손하게 대하고, 커피 한 잔이라도 베푸는 마음을 갖자. 어떤 만남이라도 감사한 마음을 갖고, 상대방을 존중하자. 상대방을 높이는 것은 나를 높이는 것이고, 상대를 존중하는 것은 내가 존중받는 일이다.

심리 상담을 받는 사람이 대부분 호소하는 내용은 인간관계라고 한다. 행복과 불행 같은 감정을 불러일으키는 원인 중 85%는 인간관계가 차지하고 있기 때문이다. 심리학자 아들러는 "모든 고민은 인간관계에서 비롯되고, 행복하기 위해서 그 인간관계를 잘 풀어나가야 한다"고 했다. 소통의 비결은 우선 자기의 마음을 닦는 것이다. 인간관계도 내가 상대에게 끊임없이 관심을 보이고, 무한한 신뢰를 보내야 오래도록 이어진다. 나이가 많든 적든 우리는 서로 존중받아야 한다. 사람은 누구나 존엄한 존재이기 때문이다.

황혼이혼을 피하는
대화법

　노후에 행복한 인생을 보내기 위해서는 배우자와 좋은 관계를 유지하면서 부부가 서로 정서적 지지를 주고받아야 한다. 평균 수명이 60세이던 시절에는 부부가 자녀를 낳아 기르고 독립시키면서 자연스럽게 부모의 인생도 마감되었다. 평균 수명이 길어진 요즘에는 '백년해로(百年偕老)'가 현실이 되었다. 부부가 '백년해로' 하려면 서로 아끼고 배려하고 존중하며 살아야 한다.

　은퇴를 준비하는 중장년층 부부 100쌍을 대상으로 '다시 태어난다면 지금의 부인(남편)과 결혼할 것인가?'라는 질문에 남성은 71%가 '그렇다'고 답변했고, 여성은 41%만이 '그렇다'고 답했다. 은퇴 후 여행을 함께 가고 싶은 파트너로 남성은 91%가 부인과 함께 가고 싶다고 했고, 여성의 경우 함께 여행 가고 싶은 순위는 남편(72%), 친구(18%), 형제·자매(6%) 등으로 다양했다. 남편들은 부인 및 가족에게 의지하려는 생각을 갖고 있고, 여성은 관계를 가족 외에 다양한 인간관계로 확장시키는 성향을 보였다

퇴직 후의 삶이 행복할지는 배우자와 관계가 얼마나 좋으냐에 따라 달라질 수 있다. "퇴직 후 누구와 어디서 지낼 것인가?"라고 물어보면 남편들은 "아내와 함께 고향에 내려가서 살고 싶다"고 대답하는 반면, 아내들은 "현재 살고 있는 집에서 친구들이랑 놀러 다니면서 살고 싶다"고 한다. 동상이몽(同床異夢)이 아닐 수 없다. 은퇴한 부부가 행복하게 살려면 충분한 대화를 통해 갈등을 해소하고 함께 노력하는 것이 중요하다.

부부가 이혼하는 이유로 흔히 '성격 차이'라고 말하는데, 상담학자들은 '인지적 오류'라고 표현한다. '인지 오류(認知誤謬, Cognitive Error)'는 어떤 사건이나 상황에 대해 분석하고 수용하는 과정에서 생기는 추측이나 판단에 오류가 발생되는 것을 말한다. 마주보고 말하면서도 상황을 각자 자기중심적으로 해석해서 결론 내리고, 자기가 옳다며 상대방을 비난한다. 배우자를 증오하는 사람은 배우자의 감정, 사고, 동기 등을 추측할 때, 자기가 배우자의 마음에 들어가본 듯이 확신하고 말한다. 문제를 가진 부부는 자신은 현실적이고 마음을 열고 있다고 생각하지만, 실제로는 배우자에게 마음의 문을 닫아놓고 폐쇄적인 시각을 고수한다. 부부간 소통의 가장 큰 문제는 상대방이 하는 말은 듣지 못하고, 하지 않는 말을 듣게 되는 것이다. 이렇게 되면 의사 결정에서 갈등이 생기고, 부부간의 화합을 방해하게 된다. 부부는 상대방에 대한 해석이 잘못된

것은 아닌지, 소통이 분명하게 이루어지고 있는지 늘 점검하고 노력해야 한다.

비폭력대화(Non-Violent Communication)는 미국의 마셜 로젠버그 박사에 의해 최초로 제창되었다. 비폭력대화의 목적은 나의 욕구를 만족시키면서 상대방도 만족할 수 있도록 하는 것이다. 인간관계에서 대화는 매우 중요한 소통 수단이다. 내가 원하는 것을 상대방이 잘 이해할 수 있도록 표현하고, 기술적으로 전달해서 나와 상대방 모두가 행복해지는 대화 방법을 찾는 것이 비폭력대화의 목적이다. 비폭력대화의 모델은 '관찰, 느낌, 욕구, 부탁'이라는 절차를 거친다. 상황을 있는 그대로 보면서 '관찰'하고, 그 상황에서 나의 '느낌'을 포착해, 그 느낌 뒤에 있는 나의 '욕구'를 발견해서, 상대가 즐거운 마음으로 들어줄 수 있게 '부탁'한다. 다음의 예를 통해 구체적으로 살펴보자.

남편이 연락도 없고 전화도 안 받다가 새벽에 들어왔다. 부인은 남편에게 "도대체 몇 신데 술 먹고 이제 들어와?"라고 화를 냈다. 남편은 "난들 좋아서 마신 줄 알아!"라며 화를 낸다. 이 상황을 상대에게 연민을 갖고 자신의 욕구를 부드럽게 부탁하는 대화로 바꿔보자.

1. 관찰 : 있는 그대로 어떤 일이 일어나고 있는가 관찰한다
(나는 OO을 보거나 들었다).

> → 12시가 되었는데, 남편이 안 들어온다. 전화해보니 휴대전화가
> 꺼져 있다.
>
> **2. 느낌 : 그 행동을 보았을 때의 나는 이렇게 느낀다**(나는 OO
> 한 감정을 느낀다).
> → 사고라도 난 건 아닐까? 걱정되고, 무섭고 불안하다.
>
> **3. 욕구 : 내 느낌이 내면의 어떤 욕구와 연결되는지 표현한
> 다**(나는 OO 하고 싶다).
> → 나는 남편이랑 저녁도 같이 먹고 산책도 하고 싶다.
>
> **4. 부탁 : 다른 사람이 이렇게 해줬으면 좋겠다**(OO을 해줄 수
> 있어요?).
> → 늦는다고 미리 전화해줄 수 있어요?, 일찍 퇴근해서 저녁식사 함
> 께할 수 있어요?

그리스 철학자 에픽테토스는 "인간은 상황 자체가 아니라 그
상황을 바라보는 관점 때문에 고통을 당한다"라고 했다. 자신이
원하는 것을 분명히 파악하지 못하고 단순히 느낌만을 표현하면
듣는 사람은 상대방이 뭘 해달라는 건지 알아차리지 못할 수 있
다. 자신의 감정 상태를 잘 살펴보고 욕구가 무엇인지 알아차려서
상대방에게 솔직한 심정을 전달할 때 갈등을 해소할 수 있다. 삶
을 풍요롭게 하기 위해서 긍정적인 언어로 부탁하고, 공감하는 태
도로 받아들이자.

5월 21일은 둘이 하나가 되는 부부의 날이다. 2007년 법정기념일로 제정되었다. 그런 의미에서 매달 21일 부부가 여행도 가고, 부부 십계명도 함께 만들어 되새기다 보면 부부 사이가 더 돈독해질 수 있지 않을까?

부부십계명

1. 인내하며 다툼을 피한다.
2. 칭찬을 자주 하자.
3. 웃음으로 대하자.
4. 기쁜 일을 만들자.
5. 사랑을 표현하자.
6. 함께하는 취미를 갖자.
7. 건강을 관리하자.
8. 지나치게 의존하지 말자.
9. 매년 혼약을 갱신하자.
10. 부부 교육 프로그램에 참여하자.

(출처 : 한국상공인신문)

여성가족부 건강가정 지원센터는 황혼기 부부의 행복한 부부생활을 위한 의사소통기법, 웃음 치료, 부부간 스킨십 유도 등 긍정적인 부부관계를 위한 프로그램을 운영하고 있다. 부부 프로그램

에 참여했던 노부부는 "70년을 함께하면서 서로에게 표현하지 못하고 살았던 것 같다"며 "오랜만에 잡아본 아내의 손을 보면서 흘러간 세월을 생각하게 되었고, 앞으로 남은 시간 더 좋은 추억을 많이 만들어야겠다"는 긍정적인 반응을 보였다. 부부간 소통에 문제가 있다면 상담센터를 이용해보는 것도 좋다. 자세한 사항은 지자체별로 확인하도록 하자.

※서울시 어르신 상담센터(전화02-723-9988, 홈페이지www.seoulfriend.or.kr), 건강가정 지원센터(1577-9337), 여성의 전화(1366)

몇 년 전 병실에서 만난 70대 부부가 생각난다. 남편은 뇌졸중으로 몸의 일부가 마비되어 거동이 불편한 상태였다. 부인은 남편 밥을 떠먹이고 대소변을 받아내면서 병수발을 잘 하다가 한 번씩 남편을 구박했다. 세수시키다 남편 얼굴을 쥐어박기도 하고, 분노가 치밀면 욕을 했다. 남편은 꼼짝없이 당하고 있었고, 주변 사람들이 말려주었다. 부인의 하소연을 들어보니, 남편이 젊었을 때 바람피우고, 술 먹고 자신을 때리고 무시했던 일이 불쑥불쑥 떠오르면 속에서 분이 올라와서 참을 수가 없다고 했다. 미우나 고우나 병든 남편 곁에서 돌봐주는 사람은 자식도 아니고 부인 하나뿐인데, 안타까웠다.

노사연의 〈바램〉이라는 노래의 가사는 부부에게 좋은 의미가 들어 있다. "내가 힘들고 외로워질 때, 내 얘길 조금만 들어준다면. 큰 것도 아니고 아주 작은 한마디 사랑한다. 그 말을 해준다면 나는 사막을 걷는다 해도 꽃길이라 생각할 겁니다. 저 높은 곳에 함께 가야 할 사람 그대뿐입니다." 우리는 사랑하고, 사랑받고 싶어 한다. 부부 사이의 문제는 어느 한쪽만 노력해서는 안 된다. 서로를 행복하게 해주기 위해서 상대방이 원하는 것이 무엇인지 관심을 기울이고 사소한 말 한마디부터 실행할 수 있어야 한다. 시경(詩經)에 이런 말이 있지 않던가. '生則同室(생즉동실) 사즉동혈(死則同穴).' 살아서는 같은 방을 쓰고, 죽어서는 같은 무덤을 쓴다. 그것이 바로 부부의 인연이다.

자녀의 교육비와 결혼 자금은
상한선을 정해 미리 말한다

우리나라 부모가 노후 준비를 못 하는 이유 중 65.4%가 자녀의 교육비와 결혼 준비 때문이라고 한다. 자녀들은 'N포 세대'로 연애와 결혼, 꿈도 포기할 정도로 경제적 압박을 받고 있다. 부모도 힘들고, 자녀도 힘든 이 상황은 무엇이 문제일까? 은퇴 빈곤층과 N포 세대가 되지 않으려면 어떻게 해야 할까? 바로 자녀가 어릴 때부터 경제적으로 자립할 수 있도록 교육하고 준비하는 것이 모두가 행복할 수 있는 길이다.

세계적으로 우리나라 부모처럼 자식에게 돈을 쏟아붓는 나라도 없을 것이다. 특히 자녀의 교육비는 노후 준비 과정에서 가장 먼저 해결해야 할 문제이기도 하다. 부모의 소득 수준과 삶의 가치관, 자녀의 적성 등 다방면에서 교육비를 고려해야 한다. 소득에 비해 무리한 교육비 지출이 부모의 과도한 욕심은 아닌지, 남의 시선을 의식한 것은 아닌지 진지하게 생각해봐야 한다. 대학 등록금은 본인이 직접 해결하는 것으로 사회적 인식이 변화되어야 능력 없는 부모라서 자식 뒷바라지도 못했다는 부담감에서 벗어날 수 있다.

여전히 우리나라 부모는 '대학 등록금은 부모의 책임'이라고 생각하는 사람이 많지만, 미국 부모들은 대학 등록금은 자녀들이 학자금 대출을 받아 해결하고, 나중에 본인들이 취직해서 갚는 방법을 선택한다. 자녀들은 대학을 계속 다니면서 등록금을 해결하는 데 무리가 있으면 휴학을 해서 돈을 번 다음 다시 공부를 시작하기도 한다. 사실, 미국은 집안의 경제적 상황과 상관없이 12세부터 아르바이트를 통해 경험을 넓히고 경제관념을 쌓는다고 한다. 우리도 돈에 대한 정당한 가치관, 경제적 지식과 흐름, 합리적인 소비 방법 등에 대해 어려서부터 알려줘야 한다. 구체적으로 어떻게 알려줘야 할까?

첫째, 어릴 적부터 자녀의 경제 교육은 부모의 생활 방식과 소비 습관을 통해 가르친다. 우리 아이들은 비싼 운동화나 명품 패딩 한 번 사준 적이 없는데도 불평 없이 검소하게 잘 자라주었다. 체계적으로 경제 교육을 시키지는 못했지만 부모의 검소한 소비 습관을 그대로 보고 배운 것이다.

둘째, 대학 등록금이나 결혼 비용을 지원할 것인지 여부와 한다면 금액의 상한선을 정한다. 우리나라는 2021년부터 고등학교까지 의무교육으로 무상 지원된다. 사교육비와 대학 진학 등은 돈이 없어서 꿈을 포기하는 경우 안타깝지만 가정의 재정 능력을 고려하지 않을 수 없다. "대학 입학금까지는 지원해줄 수 있다", "퇴직금 받아서 결혼 비용 얼마까지는 보태주겠다"라고 정하고 말해 줘야 자녀들도 미리 계획하고 준비할 수 있다. 일방적으로 통보하기보다는 충분한 상황 설명과 최선을 다하는 모습을 보여주는 등 부모 자식 사이라도 대화를 통한 이해와 노력이 필요하다.

셋째, 자녀들과 대화를 많이 해야 한다. 부모 자식 사이에 거래처와 계약하듯 상한선을 정한다는 것이 각박하게 느껴질지 모른다. 자식들과 평소에 대화가 부족하고 사이가 돈독하지 않으면 오해와 갈등을 불러일으킬 수도 있다. 돈 때문에 부모 자식 사이에 소송을 하거나 폭력을 행사하고, 심하면 살인까지 하는 끔찍한 범죄들이 발생한다. 길을 잃은 노인을 발견하고 파출소에서 보호자를 찾아 연락할 때가 있다. 한달음에 달려와서 고맙다며 모셔가는 자녀도 있지만, 전화를 안 받거나 받아도 귀찮아하는 사람도 많다. 미국의 소설가 잭 캔필드는 "아이들은 당신이 제공한 물질적인 것을 기억하지 않을 것이다. 아이들은 당신이 그들을 소중히 여긴 사실을 잊지 않고 기억할 것이다"라고 말했다.

넷째, 부부가 대화를 통해 서로 의논하고 결정한다. 부부가 자주 다투는 이유 중 하나는 자녀에 대한 다른 교육관 때문이다. 자녀를 좋은 대학에 입학시키려면 '할아버지의 경제력, 엄마의 정보력, 아빠의 무관심'이 필요하다는 말이 유행한 적이 있다. 아빠의 무관심이 필요하다는 것은 의논 없이 엄마 혼자서 결정하고 처리했다는 뜻으로 바람직하지 못하다. 은퇴 후 자산 관리는 반드시 부부가 합의해서 지출해야 다툼 없는 안정적인 노후 생활을 할 수 있다. 만약 자녀가 사업을 한다고 도움을 요청하면 어떻게 할 것인지 이야기하는 과정에서 의견 차이가 생길 수도 있다. 자녀와의 재무 관계는 부부 모두의 냉철한 판단으로 정확히 결정해야 한다.

자녀에게 체계적으로 경제 교육을 하고 싶다면 한국은행 홈페이지(https://www.bok.or.kr)에 들어가서 '경제 교육' 코너를 이용해보자. 어린이, 중학생, 고등학생 등 연령별로 수준에 맞게 선택할 수 있고, 온라인학습과 경제캠프 등 다양한 프로그램이 준비되어 있다. 대학생과 일반인을 대상으로 매주 금요일에 한국은행 본부에서 '경제 교육 한은 금요강좌' 등도 진행되고 있으므로 유익한 경제 강좌에 관심을 갖는 것도 좋다.

우리나라에서 자녀의 결혼 자금은 은퇴 후 삶에 큰 영향을 미치는 요인이다. 결혼정보회사 '가연'은 2019년 미혼남녀 220명(남 102명, 여 118명)을 대상으로 결혼 인식에 대한 설문조사를 실시했다. "결혼할 때 부모님의 경제적 도움이 어느 정도 필요한가?"라는 물음에 대한 답은 "부족할 때 일부만 받겠다(51.8%)", "반절 이상 받겠다(33.2%)", "한 푼도 안 받겠다(10.5%)", "전부 받겠다(4.5%)" 순으로 나타났다. 한 푼도 도움을 받지 않겠다고 응답한 사람은 10명 중 1명 뿐이었고, 나머지 9명은 부모의 경제적 도움을 기대하는 것으로 조사됐다. 반면에 "결혼 후 부모와 함께 살 생각이 있는가?"라는 물음에는 "같이 살 생각이 없다"라는 응답이 85.9%였다. 경제적으로는 의지하고 생활은 철저히 독립하려는 상반되는 결과를 보였다.

부모는 자녀가 독립된 인간으로 살아가는 법을 가르쳐야 한다. 유대인의 자녀 교육법에 "물고기를 주어라. 한 끼를 먹을 것이다. 물고기 잡는 법을 가르쳐주어라. 평생을 먹을 것이다"라는 말이 있다. 이것은 미래를 내다보고 평생을 준비해야 한다는 뜻이다.

공자도 부모가 자식에게 억지로 효도를 강요하는 것은 도리어 자식을 불효하게 만드는 것이라고 했다. 자녀는 부모의 소유물이 아니라 독립된 인격체이다. 부모가 원하는 대로 하지 않는다고 해서 자식에게 강요해서는 안 된다. 자식이 부모와 함께 살지 않겠다고 하더라도 서운해하거나 불효자라고 탓하지 말아야 한다. 부모와 함께 살면서 아침저녁으로 밥을 해드리고, 대가족이 오순도순 살던 시대는 아주 먼 옛날이야기가 되었다.

노후를 행복하게 지내기 위해 부부 관계에는 대화가 필요하고, 자식과의 관계에서는 돈이 필요하다고들 한다. 결혼 비용을 도와줬다고 다 끝난 것이 아니다. 손주들 용돈도 줘야 하고 돌잔치 등 계속 챙길 일이 많고, 상속과 증여의 문제도 남아 있다. 자식의 성공을 뒷바라지하는 부모의 역할도 중요하지만, 자식을 힘들게 하는 부모가 되어서는 안 된다. 소중한 선물 같은 존재로 태어나서 기쁨을 준 자식들에게 병수발을 떠넘기고, 짐이 되고 싶지는 않은 게 부모 마음일 것이다. 부모가 자녀를 영원히 돌봐줄 수 없고, 자녀도 부모를 봉양하기에는 부담이 크다. '문맹보다 무서운 게 돈맹'이라는 말이 있듯, 소중한 자식일수록 어렸을 때부터 경제 기본 지식과 현명한 부자들의 마인드를 심어주어야 한다.

나이 들수록 친구는
꼭 필요하다

　퇴직을 하면 일과 급여만 없어지는 것이 아니다. 만나는 사람이 줄어들고, 외출 횟수가 줄어들면서 점점 더 외로움을 느끼게된다. 외로움을 해소하는 데는 가족 간의 사랑이 중요하지만 자식들은 바빠서 얼굴 보기 힘들고, 가족에게 의존할 수만은 없다. 친구는 노후의 고독을 나누는 중요한 동반자다. 함께 외로움을 나눌친구가 없다면 고독감에 마음의 병을 얻게 되고, 마음의 병은 몸마저 시들게 할 것이다. 좋은 친구는 금과 같이 귀한 존재다. 평생을 같이할 친구와 즐거운 노후 생활을 보낼 수 있어야 한다.

　나이가 들수록 친구를 자주 만나고 함께 대화를 나눠야, 늙어서 쇠약하고 기운이 없어지는 '노쇠(老衰)'를 예방할 수 있다. 2016년 아주대 노인보건 연구센터 공동 연구팀은 70세 이상 1,200명(남 561명, 여 639명)을 대상으로 노년기에 친구, 가족, 이웃과의 접촉

빈도가 노쇠에 영향을 미치는지에 대해 분석했다. 결과는 친구를 자주 만나는 노인보다 친구를 자주 만나지 않는 노인의 경우 노쇠 위험률이 3~5배 높은 것으로 나타났다. 아주대학교 의과대학 이윤환 교수는 "이웃이나 가족보다 친구와의 만남에서 노쇠 예방효과가 큰 이유는 친구끼리 긴밀한 의사소통이나 고충 상담이 가능하기 때문으로 보인다"면서 "노쇠 예방을 위해서라도 소통이 가능한 사람을 가까이 두는 게 중요하다"고 조언했다.

공자가 벗에 대해 이야기하기를 '직우(直友)·양우(諒友)·다문우(多聞友)'는 이로운 벗이고, '편벽우(便辟友)·선유우(善柔友)·편녕우(便佞友)'는 해로운 벗이라고 했다. 곧은 친구는 나의 잘못을 바로잡아주고, 신의 있는 친구는 나를 성실로 이끌어주며, 아는 것이 많은 친구는 나의 지식을 확장시켜주는 이로운 친구다. 편한 것만 좋아하고, 하기 싫은 것은 피하는 친구, 아첨해 남을 기쁘게만 하는 불성실한 친구, 번드레하게 말만 잘하는 친구는 해로운 친구다. 어떤 친구를 가까이 두고 사귀느냐에 따라 그 사람의 값이 달라진다고 했다.

관포지교(管鮑之交) - 관중과 포숙처럼 나를 이해해주는 친구

춘추시대 제(齊)나라 시대 관중은 사람들이 포숙의 허물을 들춰 비난하자 이렇게 말했다. "일찍이 내가 가난할 때 포숙과 함께 장사를 하면서 내 몫을 더 크게 했는데 포숙은 나를 욕심쟁이라고 말하지 않았다. 내가 가난함을 알고 있었기 때문이다. 또한 내가 사업을 하다가 실패했으나 포숙은 나를 어리석다고 말하지 않았다. 세상 흐름에 따라 이로울 수도 있고 그렇지 않을 수도 있음을 알았기 때문이다. 내가 세 번 벼슬길에 나아갔다가 번번이 쫓겨났으나 포숙은 나를 무능하다고 말하지 않았다. 내가 시대를 만나지 못했음을 알았기 때문이다. 내가 싸움터에 나가 세 번 모두 패하고 도망쳤지만 포숙은 나를 겁쟁이라고 비웃지 않았다. 내게 늙으신 어머니가 계심을 알았기 때문이다. 나를 낳은 이는 부모님이지만 나를 알아준 이는 포숙이다"라고 말하자 그 누구도 뭐라 하지 못했다.

좋은 친구 사이를 오래 유지하려면 예의를 지키고 함부로 말하지 않아야 한다. 죽마고우도 말 한마디에 갈라진다. 무심코 던진 말이 오해와 상처가 될 수 있다. 가까울수록 예의를 지키지 않으면 관계가 멀어진다. '금은 순금이 없고, 사람은 완벽한 사람이 없다.' 순금도 제조 과정에서 미량이나마 불순물이 들어갈 수밖에 없기 때문에 100%의 순금은 세상에 존재하지 않는다고 한다. 사람도 완벽한 사람이 없다는 사실을 인정한다면, 우리는 친구의 잘못에 좀 더 관대해질 수 있다. 새로운 친구를 사귀는 것보다 더 좋은 것은 진정한 친구 한 명과 오랫동안 관계를 유지하는 것이라고 했다. 지난날 친구에게 서운함이 있어 멀어졌다면 다시 연락해보는 것도 좋을 것이다.

서로 친구가 되려면 나이에 한정되지 않는 열린 마음이 필요하다. 그러나 한국인의 정서상 나이가 인간관계의 장애로 작용할 때가 많다. 동년배 친구들과는 인생의 경험과 경륜에서 나오는 깊이 있는 대화로 공감대를 형성할 수 있겠고, 젊은 친구들과는 역동성도 느끼고, 미래에 대한 창의성도 배울 수 있어서 좋을 것이다. 목적과 이유 없는 만남보다는 공통된 관심사나 흥미가 있어야 관계를 지속할 수 있다. 노래교실이나 컴퓨터강좌 등 취미 생활을 함께하면 친구들과 새로운 목표를 함께 설정하고 실천하며 성취감을 느낄 수 있다.

나이가 들수록 친구 사귀기가 어렵다고 한다. 학창 시절에는 친구가 전부라고 할 정도로 중요하게 생각했다. 살아갈수록 편견이나 자기 고집이 쌓이면서 타인을 받아들이는 것이 쉽지 않다. 혼자될까 두렵고, 나의 목적과 필요에 의해 관계를 만들려니 사람 사귀기가 점점 어려워질 수밖에 없다. 인간은 모두 고독한 존재다. 내가 외로우면 친구를 찾게 되듯, 다른 누군가도 마찬가지일 것이다. 만날 친구가 없다고 우울해하지 말고, 내가 다른 누군가에게 좋은 친구가 되려는 마음을 가지면 된다. 꼭 친구가 아니더라도 사람들과 함께 꾸준히 봉사활동을 하면서 사회적 유대감을 유지하는 것도 좋다.

누군가와 말을 하는 것만으로도 마음이 안정되고, 삶의 활력을 찾는 데 큰 효과가 있다고 한다. 전국의 노인종합복지관에서 실시

중인 '노노(老老)케어' 사업은 건강한 노인이 거동이 불편한 노인의 일상생활을 돕는 것이다. 거동이 불편한 노인에게 안부 확인, 말벗 되어주기, 책 읽어주기 등 정서적 지원과 약 복용 등 보건 의료 지원, 취사, 세탁, 장보기, 도시락 배달 등 가사지원 서비스를 포함한다. 노노케어 사업은 참여자는 일자리를 얻고, 불편한 노인은 복지 서비스를 받는, 참여자도 수혜자도 동시에 원원하는 좋은 제도다.

보건복지부 독거노인 종합지원센터에서는 독거노인 사랑 잇기, 마음 잇기(나눔 천사), 노인 맞춤 돌봄서비스 사업 등 노인 관련 복지 서비스를 하고 있다. 대상자 해당 여부에 따라서 말벗도 되어주고 집안일을 도와준다. 사회적 고립과 우울증의 위험이 높은 은둔형, 우울형 노인을 선정해 맞춤형 사례 관리 및 집단 프로그램 서비스를 실시하고 상담도 해준다. 자세한 사항은 독거노인 종합지원센터 홈페이지(http://www.1661-2129.or.kr)와 상담전화(1661-2129)를 참고하자.

부부가 사별하면 밖에서 시간을 보내다가 빈집에 들어가는 일이 끔찍하게 느껴진다고 한다. 생전에 우리 아버지는 엄마가 외출하면 "빨리 안 들어오고 뭐하냐"고 재촉하셨다. 이제는 재촉하는 사람도 반기는 사람도 없다며 엄마는 오가며 화초에 말을 건네신다. 허전한 빈자리를 대신해서 화초를 키우거나 반려견을 키우는 사람도 있는데, 심리적으로 효과도 있고 좋은 방법이다. 나이 들어서 이성 친구를 사귀고 사랑을 느낀다고 하면 늙은이가 주책이라고 한다. 사회적 시선도 곱지 않고, 자녀들 눈치 보느라 말도 못 꺼낸다고 한다. 한 설문조사에서는 노인 2명 중 1명은 이성 친구를 원하는 것으로 조사됐다. 지자체에서 홀몸 노인들에게 이성 친구를 찾아주는 프로그램을 운영하는 곳도 있는데 노인들에게 큰 호응을 얻고 있다.

"저녁을 먹고 나면 허물없이 찾아가 차 한 잔을 마시고 싶다고 말할 수 있는 친구가 있었으면 좋겠다." "그는 여성이어도 좋고 남성이어도 좋다. 나보다 나이가 많아도 좋고, 동갑이거나 적어도 좋다." "우리의 눈에 핏발이 서더라도 총기가 사라진 것은 아니며, 눈빛이 흐리고 시력이 어두워질수록 서로를 살펴주는 불빛이 되리라." "그러다가 어느 날이 홀연히 오더라도 축복처럼 웨딩드레스처럼 수의를 입게 되리라." 유안진 시인의 〈지란지교를 꿈꾸며〉라는 시의 구절들이다. 우리의 노후에는 이 시처럼 허물없이 찾아가서 차 한잔할 수 있는 친구가 필요하다. 그렇게 함께할 친구가 있다면 그 인생은 아름다운 시와 같을 것이다.

가능하면 황혼육아는
맡지 않는다

맞벌이 부부가 늘면서 할머니, 할아버지가 손주를 돌보는 황혼육아가 급증하고 있다. 황혼육아는 황혼의 나이를 맞은 베이비부머 세대가 맞벌이하는 자녀를 대신해서 손주들을 맡아 양육하는 것을 말한다. 2018년 보육실태조사에 따르면, 자녀를 보육 시설에 보내지 않을 경우에는 83.6%가 할머니나 할아버지에게 아이를 맡긴다고 응답했다. 손주의 재롱을 보면서 시간을 보내는 것은 노후에 가장 행복하고 즐거운 시간 중 하나겠지만, 부모와 자녀 그리고 손주까지 3대가 행복해질 수 있는 방법이 있지 않을까?

황혼육아는 끝없이 자녀를 뒷바라지해주고 싶은 부모의 마음의 표현이다. 부모 입장에서는 자녀를 사랑하기 때문에 도와주려고 기꺼이 황혼육아를 선택한다. 아이랑 놀아주고 안아주다 보면 힘들어도 손주 보는 재미에 참고 지내게 된다. 자녀가 결혼해 다시 그들의 자녀를 낳는 만큼의 세월이 흘렀으니 아픈 곳이 있는 것은 당연하다. 내가 낳은 아이를 기를 때와는 내 몸 상태도 다르고 육아 방식도 다르다. 자녀 양육 방식의 차이 때문에 자식에게 서운한 말을 들으면 이해를 해보려고 해도, 점점 상처받으면서 서로 갈등의 골이 깊어질 수 있다. 자식과 손주를 사랑하는 좋은 마음에서 시작했더라도 육아로 인한 갈등은 피할 수 없는 현실이다.

미래에셋 은퇴연구소에서 2018년 발표한 '은퇴라이프 트렌드 보고서'에 의하면 손주가 있는 사람의 2명 중 1명은 황혼육아를 해본 적이 있다고 응답했다. 황혼육아를 하게 된 이유로는 '자녀들이 편안하게 직장 생활을 할 수 있게 하려고 선택했다(48.0%)'가 제일 많았고, '자녀가 아이를 키우느라 고생하는 모습이 안쓰럽다(16.7%)'는 응답도 있었다. 육아에 대한 수고비는 용돈 정도로 받는 경우가 대부분이었다. 월급처럼 정기적으로 주는 경우(34.9%)는 절반도 안 되고, 수고비 액수도 평균 70만 원 정도로 이는 평균 육아 고용비 150~200만 원과 비교해 절반도 안 되는 금액이다.

황혼육아가 급증하는 원인은 맞벌이 부부의 자녀 돌봄에 대비한 사회시스템이 잘 갖추어지지 않았기 때문이다. 2018년에는 손주를 돌보는 조부모에게 양육수당을 지원하자는 법률 개정안이 발의되었고, 일부 지자체에서는 양육비를 지급하거나 황혼육아를 돕기 위해 손주 돌보미 서비스 프로그램을 운영하고 있다. 일부 교육청에서는 '학조부모'를 위해 '조부모 대상 학부모 교육'을 시범 운영하기도 했다. 맞벌이 세대는 급격히 증가하고 있는데, 육아와 자녀 돌봄 시스템이 잘 보완되지 않는 한, 부모가 노후에 황혼육아를 맡게 되는 일이 점차 늘어날 것으로 예상된다.

황혼육아를 맡게 될 경우 자식과 서로 지켜야 할 원칙을 정하는 것이 좋다. 첫째, 보육 시간과 휴식 시간, 보육비에 대한 원칙을 사전에 정한다. 조사에 따르면 황혼육아 평균 노동 시간은 일주일에 47시간이었다. 출퇴근 시간의 구분이 없다 보니 실제로는 더 많은 시간을 육아노동에 시달리고 있다. 보육 시간과 아이가 몇 살이 될 때까지 돌봐줄 것인지 반드시 정해놓고 시작해야 일정에 맞춰 생활 관리를 할 수 있다. 자기 병원에 가는 시간, 취미 활동 시간 등 시간표를 작성해서 사전에 조율해야 한다. 보육비는 처음부터 말해놓지 않으면 서로 눈치 보느라 애매해질 수 있다. 적정한 금액과 날짜를 정해 당당히 요구해야 한다.

둘째, 교육 방식은 주 양육자인 엄마와 아빠의 결정을 따라야 한다. 나는 아이를 키워봤고, 손자들을 돌보는 시간이 많기 때문에 손주를 내 뜻대로 하려고 하면 안 된다. 부모와 조부모의 교육 방식이 다르면 아이는 혼란스럽다. 조부모는 보조 양육자이지 주 양육자는 아이의 부모라는 것을 인정해야 한다. 내 마음도 내가 모르고, 내 자식도 내 마음대로 못했는데, 손주를 자기 뜻대로 하려는 건, 맞지 않는 욕심이다.

셋째, 육아 외의 자식들 살림과 생활 방식에 간섭하지 않도록 주의하자. 직장에도 업무 분장과 역할이 있듯이 가사 노동까지 전담하면 힘들고 지친다. 집안일까지 도맡아 하다 보면 내 방식과 맞지 않고 거슬리는 게 보이게 되고, 내색해서 말하다 보면 갈등이 생긴다. 모든 것을 다 하려고 하지 말고 요구하는 것에 대해 해줄 수 있는 만큼만 하는 것이 서로에게 좋다.

넷째, 아이 부모가 집에 있을 때는 반드시 육아에서 벗어나 자기 생활을 해야 한다. 자식 키워놓고 하려고 미뤄둔 일을 손자까지 키워놓고 하려면 그때는 정말 아무것도 못한다. 2017년 부모자녀 건강학회가 발표한 논문에 의하면 손주를 돌보는 할머니가 그렇지 않은 할머니보다 더 많이 우울한 것으로 나타났다. 오랜 시간 아이와 함께 보내다 보면 친구 만날 기회도 적어지고 사회활동이 제한되면서 고립감 · 외로움 · 소외감을 느끼게 된다. 사소한 일에도 쉽게 울적해지고 이유 없이 초조해지거나 불안하다면 황혼육아로 인한 우울증이 아닌지 의심해봐야 한다.

다섯째, 정기검진 등 건강 관리를 철저히 해야 '손주병'에 시달리지 않는다. 육아 노동으로 인해 손목과 어깨 무릎관절이 아프거나 허리와 척추에 염증 등 병이 생기거나 증상이 악화되는 것을 '손주병'이라고 한다. 아이들은 18개월이 지나면 평균 몸무게가 10kg가 넘는다. 아이를 안고 일어설 때마다 고관절이나 무릎관절에 무리가 가기 때문에 어깨 통증과 퇴행성관절염, 손목터널증후군 등이 발생된다. 어깨에 불편함이 느껴진다면 MRI나 초음파검사 등 병원 검진을 받아보는 것이 좋다.

서울시 교육청에서 진행하는 학조부모 평생교육을 비롯해 학교, 도서관, 평생학습관 등에서 다양한 학조부모 교육 프로그램을 진행하고 있다. 평생학습포털 에버러닝(everlearning.sen.go.kr)을 통해서도 신청할 수 있다. 지자체 조부모 양육 교육(www.familynet.or.kr)에서는 지자체별로 예비 조부모 및 조부모에게 놀이 교육과 손자와 소통하는 법, 조부모 양육 강연 등을 진행한다. 세 살 마을 조부모 육아교실(www.sesalmaul.com)은 다섯 살 미만 손주를 돌보는 할머니 할아버지를 위한 교육을 제공한다. 중앙대학교 적십자간호대학 홈페이지(http://gsn.cau.ac.kr)에서도 매년 실시하는 60세 이상 남녀 50명 조부모 손주 돌보미 무료강좌에 관한 정보를 찾을 수 있다.

황혼육아를 하든 안 하든, 내 자식 키울 때 사랑과 손주 키울 때 사랑은 확실히 다르고, 이루 말할 수 없을 정도로 예쁘고 사랑스럽다고 한다. 손주에게 한없이 사랑을 쏟아부으며 기쁨을 느끼고, 자식들 키울 때 못다 했던 것에 대한 후회와 아쉬움을 달래보기도 한다. 손자들 재롱을 볼 때는 노년의 허전한 마음이 행복으로 채워지기도 하지만, 황혼육아로 겪게 되는 현실적 문제들은 노후를 힘들게 한다. 자식들은 '제 아이가 아프면 마음이 아프고, 부모가 아프면 머리가 아프다'고 한다. 자녀들은 부모가 늙어서 당연히 여기저기 아픈가 보다고 생각할 테지만, 늙어서 손주를 키운다는 것은 힘들고 고통스러운 일이다. 노년에 건강과 자기 삶을 잃을 정도로 육아에 얽매이지 말고 부모와 자식과 손자 모두가 건강하게 상생하자.

PART 7

건강

시니어 건강 수칙

　인간의 수명은 얼마나 될까? 고대 로마 시대의 평균 수명은 25 세였고, 18세기 후반 프랑스 혁명 시대에는 34세였다. 1930년대 우리나라 평균 수명은 여성이 35.1세, 남자는 32.4세였다. 의학 과 과학의 발달로 인간의 수명은 점차 연장되고 있다. 노후 건강 에 영향을 미치는 요인 중 유전적 요인은 30% 정도이고, 개인적 인 노력이 70%를 차지한다. 건강은 단순히 육체적인 면만을 의미 하지 않고, 정신적·사회적인 측면도 중요하다. 노후에 건강한 삶 을 누리기 위해서는 하루라도 관리를 일찍 시작하고, 철저히 유지 해야 건강하고 행복한 노후를 보낼 수 있다.

　통계청 '2018년 생명표'에 의하면 기대 수명은 82.7년이고 건 강 수명은 64.4년으로 18년이나 차이가 난다. 기대 수명과 건강 수명이 차이 나는 이유는 잘못된 식습관과 노인성 질환, 암 등이 그 원인이다. 건강한 노후를 살기 위한 다음의 시니어 건강 수칙을 마음에 새기자.

1. 마음이 건강해야 몸도 건강하다

매사에 긍정적이고 잘 웃는 사람은 자신도 행복하고 보는 사람도 행복하게 한다. 퇴직하면서 직장도 없고, 수입도 없고, 갈 곳도 없다고 우울한 기분에 빠져 있으면 몸도 따라서 기운이 없고 에너지가 소진된다. 억지로라도 매일 웃으면 건강에도 좋고 수명도 연장된다고 한다.

2. 뇌도 운동이 필요하다

나이가 들면 뇌도 따라 늙기 때문에 기억력도 예전 같지 않고, 지식 습득 능력도 떨어진다. 노후에 가장 두려운 병은 치매다. 뇌가 끊임없이 운동할 수 있도록 책도 읽고, 바둑이나 장기 같은 게임을 하는 것이 좋다. 피아노처럼 손가락을 많이 움직이는 악기나, 매일 걷기 운동을 하는 것도 매우 좋다.

3. 몸을 적극적으로 움직이며 활동하자

움직이기 귀찮다고 활동을 안 하기 시작하면 기력이 점점 떨어지고 근육량도 줄어든다. 근육량이 줄면 살갗이 탄력을 잃고 늘어지면서 더 늙어 보이고, 심장과 장 기능도 떨어진다. 적절한 근육 강화 운동을 해야 심장질환의 위험을 감소시킬 수 있고, 각종 질병이나 감염에 대한 면역력을 키울 수 있다. 걷기나 자전거타기, 수영 등 자신의 연령과 신체 상태를 고려해 운동계획을 세우고 규칙적으로 꾸준히 하는 것이 중요하다.

4. 건강한 밥상으로 균형 있는 영양 상태를 유지하자

나이가 들수록 기초대사량과 활동량이 감소하기 때문에 섭취하는 칼로리는 줄이되 정상체중을 유지해야 한다. 다섯 가지 기초식품군을 골고루 먹고, 비타민이 풍부한 과일이나 녹색 채소에 식초 같은 향신료를 뿌려 먹는 것도 식욕을 돋우는 방법이다.

5. 아픈 데가 없어도 규칙적으로 건강검진을 받자

나이가 들수록 병원은 아플 때 가면 이미 늦는다고 한다. 아프지 않아도 조기 발견을 위해 꾸준히 정기점진을 받자. 지병이 있는 경우는 물론, 건강해도 수시로 체크해야 건강도 유지하고 큰 병으로 고생하는 일을 줄일 수 있다.

2018년 조사 결과, 한국인의 사망원인 1위는 암으로 나타났다. 세계보건기구(WHO)는 '암 발생의 3분의 1은 예방이 가능하고, 3분의 1은 조기진단 및 조기치료로 완치가 가능하며, 나머지 3분의 1 환자도 치료를 잘 받으면 증상 완화가 가능하다'고 말한다. 암은 뚜렷한 증상 없이 발병하는 경우가 많다. 생활 습관을 개선하고, 암 조기 발견을 위해 정기적으로 건강검진을 받는 것이 중요하다.

다음은 보건복지부에서 발표한 암 예방을 위한 열 가지 수칙이다. 잘 숙지하고 꾸준히 실천하자.

국민 암 예방 수칙

1. **금연하기.** 담배에 있는 발암물질은 간접흡연자도 폐암 발생률을 높인다.
2. **짠 음식·탄 음식 피하기.** 짠 음식은 위염과 위암의 발생 위험이, 탄 음식은 발암물질 위험이 있다.
3. **채소와 과일 골고루 섭취하기.** 세끼를 균형 있게 먹고 과식하지 않는다.
4. **과음하지 않기.** 술을 많이 마시면 간에 무리를 주고 심하면 간암을 초래할 수 있다.
5. **매일 30분 이상 운동하기.** 꾸준히 하루 30분 이상, 땀이 날 정도로 한다.
6. **예방접종하기**(자궁경부암 예방).
7. **적절한 체질량지수 유지하기.**
8. **건전하고 안전한 성생활 하기.** 바이러스로 인해 자궁경부암, 구강암 등에 걸릴 수 있다.
9. **산업현장에서 안전보건 수칙 준수하기.** 산업현장에서 발암물질이 발생하는 경우가 있다.
10. **적정 시기에 건강검진 받기.**

노화와 노쇠는 어떻게 다를까? 노화는 나이가 들어 자연스럽게 생기는 변화다. 주름이 생기고, 치아가 약해지고, 머리가 하얗게 세고, 근육량도 줄고, 생명체라면 누구에게나 찾아오는 것이 노화다. 노쇠는 '신체 기능이 급격히 떨어져서 정상적으로 일상생활을 하기 힘든 상태'를 말하고, WHO에서는 노쇠를 질병으로 규정하고 있다. 노쇠가 진행되면 근육이 줄고 근력이 약해지면서 보행이 어려워지고 뼈가 약해져 쉽게 골절이 된다. 몸이 허약해지면서 활력도 떨어지고 질병에 취약해지기 때문에 입원 및 사망 위험이 증가하게 된다.

노화는 막을 수 없지만 노쇠는 건강을 관리하는 것에 따라 막을 수 있다. 60대에도 기력이 없고 늙은 사람이 있는가 하면, 100세에도 청춘 같은 생활을 하는 사람들이 있다. 다음은 KBS〈시사기획 창〉이라는 프로그램에서 2019년 '100세 시대 특집 방송' 편에서 소개한 100세인들의 건강장수 비결이다.

1. 일하고, 먹고, 자고, 하루를 똑같이 3등분해서 규칙적으로
   보내라

도쿄 근교에 사는 타야 할머니는 104세다. 일본 전통과자점을 80년째 운영하고 있다. 물건값을 받을 때 계산기를 쓰지 않고 잔돈을 정확히 거슬러줄 정도로 암산 실력도 뛰어나다. 할머니의 건강 비결은 하루를 정확히 '일 8시간', '식사와 휴식 8시간', '자는 데 8시간'으로 3등분해서 생활하는 것이다. "음식을 맛있게 먹고, 잘

때는 푹 자고, 일어나면 열심히 일하고"를 지키는 단순하고 규칙적인 것 외에 다른 비법은 없다고 할머니는 말한다.

2. 좋아하는 음식을 먹되 균형 잡힌 식단을 유지하라

전남 구례에 사는 105세 김복성 할아버지는 아침에 일어나면 주요 기사를 큰 소리로 읽는다. 덕분에 시사 상식도 젊은이들보다 더 많이 꿰뚫고 있다. 할아버지의 건강 비결은 30년 이상 하루 한 끼는 라면을 먹되, 라면에 돼지고기를 갈아 넣어서 영양균형을 맞춘 것이라고 한다. 전문가들도 영양가를 고려해 좋아하는 음식을 섭취하면서 식단을 균형 있게 유지하면 된다고 말한다.

3. 이기주의는 몸을 망가뜨린다. 나보다 남을 먼저 생각해라

103세의 화가 이리에 카즈코 씨는 젊었을 때 세계 30여 개 나라를 찾아다니며 창작 활동을 했고, 100세가 넘어서도 하루 열 시간 정도 대형 캔버스에 그림을 그린다. 그녀는 "자기만 생각하는 이기주의는 몸을 망가뜨리지만, 다른 사람을 위해서 열심히 생활한 사람은 오래 살 수 있다"며 항상 남에게 감사하는 마음을 갖는 것이 최고의 건강 비결이라고 말한다.

4. 나이 들었다고 포기하지 말고, 새로운 지식을 받아들여라

100세의 김형석 연세대 명예교수는 책 《백 년을 살아보니》를 출판하고, 일주일에 3~4회씩 강연을 할 정도로 건강하다. 교수님은 '늘 새로운 것에 도전하는 정신'이 건강의 비결이라고 말하며, "60세부터 제2의 인생이 시작된다. 나이가 들었다고 포기하지 말고 항상 새로운 지식을 받아들이고, 좀 더 지혜롭게 성장하려고 노력해야 한다"고 조언한다.

5. 과거에 얽매이지 말고, 오늘은 오늘 일만 생각한다

105세의 유삼순 할머니는 기억력이 뛰어나다. 할머니의 건강 비결은 나쁜 기억은 가능한 한 빨리 잊고 오늘은 오늘 일만 생각하는 것이라고 했다. 할머니는 "살다 보면 억울할 때도 있고, 힘들고 괴로울 때도 있다. 그걸 기억해봐야 나아지는 건 없고 화만 난다"며 오늘은 오늘 일만 생각하면 마음이 편안해진다고 말한다.

100세에도 청춘과 같이 건강을 유지할 수 있는 비결은 영양가 있는 식사, 꾸준한 운동, 규칙적인 생활, 긍정적인 마음가짐과 새로운 것을 배우려는 자세 등이다. 얼마나 오래 사느냐보다는 얼마나 건강하게 사느냐가 중요하다. 노후에 건강한 삶을 누리기 위해서는 한 살이라도 젊을 때부터 자기와 맞는 건강 습관을 만들고, 그것을 꾸준히 실천하자. 요즘은 '구구팔팔이삼사'라는 말이 있다. 99세까지 88하게 살다가 2일만 앓고 3일째 4망한다면 그야말로 행복한 인생이 아닐까?

병과 죽음에
대비하는 자세

    사람의 목숨은 하늘에 달려 있다고 하지만, 늙고 병드는 것은 내가 얼마나 건강 관리를 하느냐에 달려 있다. 아무리 노력해도 모든 병을 혼자 이겨낼 수는 없다. 우리나라는 건강보험 혜택이 좋은 편이지만, 건강 관리를 잘해야 치료비 부담으로 가난해지는 '메디컬 푸어(Medical Poor)' 신세를 면할 수 있다. 내 몸에 나타나는 증상의 이유를 자가 진단도 해보고 도움이 필요하면 빨리 병원에서 정확한 진단과 치료를 받는 것이 좋다.

    그렇다면 검진 시 양방과 한방 중 어디가 좋을까? 양방은 혈액 분석 및 MRI 등 첨단 과학 장비가 있어서 신속히 발견하고 치료할 수 있다. 한방 치료를 하더라도 정밀검사를 양방에서 해보는 것이 좋다. 한방은 근본적인 치료법을 찾기 힘든 퇴행성 질환이나 스트레스성 질환 등 양방에서 발병 원인을 정확히 알 수 없는 질병 치료에 도움이 된다. 한방은 양방에 비해서 치료 효과가 늦게 나타나므로 응급한 상황이나 급성질환에는 신속한 치료가 어려울 수 있다.

요양병원과 요양원은 뭐가 다를까? 요양병원은 뇌졸중, 치매, 파킨슨병 등 노인성 질환 및 만성질환의 장기 치료가 필요할 때 이용하는 곳으로 간호사 등 의료진이 상주해 있다. 요양병원은 병원이기 때문에 국민건강보험이 적용된다. 일반 건강보험 적용 시 진료비는 20%, 식대는 50%가 본인부담금이다. 간병비는 한 명의 간병인에게 몇 명의 환자가 서비스를 받느냐에 따라 다르다. 반면에 요양원은 간호와 돌봄 서비스를 제공하는 통합시설이다. 독립적으로 일상생활이 어렵거나 치매 및 중풍 등으로 불편한 노인 중 노인장기요양보험 등급이 있어야 입소할 수 있다. 요양 비용은 노인장기요양보험 등급에 따라 정부 지원이 80%, 본인부담이 20%다. 입소자 2.5명당 1명의 요양보호사를 두도록 되어 있으므로 따로 간병인을 두지 않아도 되지만, 1~3인실 이용 시는 달라진다.

노인장기요양보험은 고령이나 노인성 질병 등의 사유로 일상생활을 혼자 수행하기 어려운 노인들에게 장기요양 급여를 제공한다. 노후의 건강 증진 및 생활 안정을 도모하고 그 가족의 부담을 덜어줌으로써 국민의 삶의 질을 향상시키기 위한 사회보험제도이다. 65세 미만으로 노인성 질병(치매, 뇌혈관, 파킨슨병, 대통령령으로 정하는 질병)에 해당될 때 국민연금보험공단에 신청해 장기요양 인정 및 장기요양 등급판정을 받으면 된다. 자세한 사항은 국민건강보험공단 홈페이지(www.longtermcare.or.kr)나 전화(1577-1000)를 통해 확인하자.

보건소를 이용하려면 주소지와 관계없이 가까운 곳을 찾아가면 된다. 신분증이나 의료보험증을 지참해야 하고, 월요일부터 금요일까지 아침 9시~저녁 6시 사이에 진료를 받을 수 있다. 65세 이상은 무료인 항목도 있다. 다음의 내용은 기본적으로 보건소에서 이용할 수 있는 프로그램인데, 보건소마다 진료과목이 다르고, 관내 거주자 우선인 진료도 있으니 자세한 사항은 방문하고자 하는 보건소에 직접 확인 후 방문하는 것이 좋다.

1. **금연하기. 기본 진료 :** 내과 진료(진료 상담)는 1,100원, 물리치료는 초진 1,600원, 재진 500원
2. **한방 진료 :** 침은 1,100원, 투약은 1,600~2,200원
3. **치과 진료 :** 충치 및 잇몸치료, 치주 발치 등 1,100원
4. **골다공증 검사 :** 60세 이상 무료, 일반 6,100원
5. **치매 조기 검사 :** 치매지원센터 방문 시 60세 이상 무료
6. **간염 검사 :** A형 간염은 16,000원, B형 간염은 4,750원, HIV검사는 무료(익명 가능)
7. **성인병 예방 프로그램 :** 대사증후군 검진, 비만, 고혈압, 당뇨 등
8. **재활치료와 뇌졸중 환자 순환운동 프로그램, 물리치료**
9. **정신건강 상담과 '보건소 모바일 헬스케어'** 등 다양한 프로그램

뇌졸중(뇌경색, 뇌출혈)의 골든타임은 4.5시간이다. 응급 시 119 또는 사설 구급차를 빨리 부르는 것이 중요하다. 뇌졸중은 '뇌(腦)가

갑자기(卒) 병들다(中)'라는 뜻이다. 뇌경색은 혈관이 막혀서, 뇌출혈은 혈관이 터져서 발생하는 뇌졸중이다. 혈전을 녹이는 혈전 용해 치료는 정맥으로 할 때는 4시간 반 이내, 동맥으로 할 때는 6시간 이내에 해야 되므로 늦어도 4.5시간 이내에 병원에 도착해야 한다. 경희대학교 신경과 김범준 교수는 "한쪽 팔다리가 저리고 감각이 없거나, 발음이 어눌해지거나, 어지럼증이 느껴지면 최대한 빨리 응급실 또는 뇌졸중센터가 있는 병원으로 가야 한다. 적절한 처치를 받지 못하면 팔다리 마비, 언어장애 같은 후유증상이나 폐렴 등의 합병증을 얻을 수 있고 심각한 경우 사망에 이를 수도 있다"고 말한다.[6]

　좋은 병원은 가까운 병원이고, 명의는 소통이 잘 되는 의사다. 병원을 선택할 때 시설도 중요하지만 혼자 대중교통을 이용해서 다닐 수 있는 병원을 선택하자. 나이가 들면 병원에 갈 일이 많아지는데, 거리가 멀면 귀찮아서 안 가게 되고, 매번 자식들 도움을 받기는 힘들다. 의사를 선택할 때는 내가 통증을 호소할 때 잘 듣고, 증상과 치료에 대해 상세히 설명해주는 의사가 좋다. 집에서는 아팠다가도 의사 앞에 가면 아프지 않거나, 아픈 곳을 깜박 잊고 말하지 않은 경험이 있을 것이다. 내 증상을 듣고 왜 아픈지, 어떤 약을 쓰면 어떤 효과가 있고, 치료의 목표는 무엇인지 설명

---

6) 이미지 기자, '시간이 생명인 뇌졸중, 골든타임은 4시간 30분', <동아닷컴>, 2017년 10월 30일자 기사 참조.

해주는 의사를 선택해야 한다.

87세가 된 우리 엄마는 혼자서도 병원에 잘 다니신다. 보건소와 안과는 정기검진, 치과나 내과는 증상이 있을 때 가신다. 보건소에 가실 때는 지하철을 이용하고, 안과에 가실 때는 왕복 만원 정도를 내고 택시를 타신다. 병원 간 김에 근처 쇼핑센터에 들러 구경도 하고 간단히 짜장면도 한 그릇 사드시고, 나들이 겸 정기검진을 받고 오신다. 엄마는 안과 정기검진을 다녀오신 날은 절친한 친구를 만나고 오신 듯 즐거워하신다. 안과 선생님이 "어머님은 참 멋쟁이세요, 이렇게 멋진 옷은 어디서 사신 거예요?"라고 물으면 엄마는 "우리 딸이 비싼 메이커라며 사준 거랍니다"라며 대화를 나누면서 엄마의 눈 건강 상태를 꼼꼼히 살피고 안약 넣는 법 등을 친절히 알려주신다고 한다.

연명의료는 임종 과정에 있는 환자에게 심폐소생술, 혈액 투석, 항암제 투여, 인공호흡기 부착과 그 밖의 의학적 시술로 치료 효과 없이 임종 기간만 연장하는 것을 말한다. 2018년 2월 4일부터 시행된 연명의료 결정제도는 임종 과정에 있는 환자가 무의미한 연명의료를 시행하지 않거나 중단할 수 있는 기준과 절차를 정립해 국민이 삶을 존엄하게 마무리할 수 있도록 도와주는 제도다. 국민건강보험공단의 자료에 의하면 2019년 12월 31일 기준으로 53만 2,667명이 '연명 치료 거부서(사전 연명의료 의향서)'를 등록했다. 연령대를 보면 70대가 47.5%로 가장 많았고, 80대(21.2%), 60대(20.9%), 50대(6.8%), 40대(2%) 순이다.[7]

'연명 치료 거부서'는 의사 결정 방법에 따라 '사전 연명의료 의향서'와 '연명의료 계획서' 두 가지가 있다. '사전 연명의료 의향서'는 19세 이상 성인이 질병이나 사고로 의식을 잃어 치료 방법을 스스로 선택할 수 없을 때를 대비하는 것으로, 언제든지 철회할 수 있다. '연명의료 계획서'는 말기암 환자 또는 임종 과정에 있는 환자의 요청이나, 환자가 의사 능력이 없을 때는 환자의 가족 2인 이상(경우에 따라 환자 가족 전원 합의)의 진술과 담당 의사, 해당 분야 전문의가 함께 확인해 결정한다. 신청 또는 문의 사항은 가까운 보건소 또는 국립연명의료관리기관(www.1st.go.kr), 전화 문의(1855-0075)를 이용하자.

의학의 발달로 의료 장비를 갖춘 다양한 치료 프로그램과 노인 전문병원, 요양 시설들이 생겨나고 있다. 건강 상태를 수시로 체크해 증상에 적합한 병원에서 치료를 받는 것이 신체적 고통도 줄이고 의료비도 줄일 수 있는 방법이다. '미리 발견했더라면', '좀 더 빨리 병원에 갔더라면' 하는 후회는 자신은 물론 가족에게도 큰 아픔으로 남는다. 자기 자신이 가장 훌륭한 명의고, 주치의다. 자가 진단을 철저히 하고, 증상이 생기면 초기에 병원 치료를 받는 것이 자신과 가족의 고통과 부담을 줄이는 현명한 대처라는 것을 잊지 말자.

---

7) 홍용덕, 박현정 기자, '자식들 힘들게 하고 싶지 않아… '연명치료 거부' 작성 50만 명 넘어', <한겨레>, 2020년 2월 10일자 기사 참조..

몸에 좋은 음식,
몸에 나쁜 음식

나이가 들면 식성도 노화한다. 젊었을 때는 밀가루 음식과 패스트푸드, 인스턴트 음식을 좋아하다가 나이가 들면서 찌개류나 한식 종류를 선호하고, 옛날 부모님이 좋아하시던 음식을 즐겨 먹게 된다. 신맛이 나는 음식을 좋아하지 않게 되고, 미각의 손실로 짠맛에 둔해지며, 치아가 약해져서 부드러운 음식을 선호하게 된다. 식성이 변하기도 하지만 입맛도 떨어진다. 칼로리나 필수 영양소를 골고루 섭취하지 않고 편식하게 되면 영양소가 과잉되거나 결핍되기 쉽다. 노후에 맞는 음식을 선택하고 식사 습관을 지키는 것은 건강을 위한 기본 원칙이다.

미국 워싱턴대학 건강측정평가연구소의 크리스토퍼 머리 교수 팀은 세계 각 국가별로 그 나라 국민의 수명을 단축시키는 위험요소에 대해 조사했다. 우리나라 사람들의 수명을 줄어들게 하는 요인은 식습관(13.4개월), 음주(11.1개월), 흡연(9.4개월), 고혈압(7.1개월), 고혈당(6.5개월), 비만(5.5개월), 운동 부족(5.3개월), 대기오염(4.4개월), 스트레스(2.6개월) 순으로 한국인의 건강을 위협하는 요소 1,2위는 식생활과 관련되어 있었다. 식습관만 바꿔도 건강 수명을 늘릴 수 있다는 것이다.[8]

나이가 들면 어떤 음식이 좋을까? 소화가 잘되는 부드러운 음식 위주로 식단을 바꾸는 것이 좋다. 계란찜, 두부찜, 생선전, 다짐육 등 영양 성분이 풍부하면서 부드러운 음식이 좋다. 고기는 불에 굽는 것보다 삶아서 담백하게 먹는 것이 좋다. 나이가 들면 배앓이가 잦아지고 변비가 생긴다. 밀가루, 기름에 튀긴 음식 등은 소화가 잘 안되므로 조금씩 자제해야 한다. 입맛이 없을 때는 미나리, 깻잎, 참나물 같은 향긋한 채소를 곁들여 먹거나, 고추나 생강 또는 식초, 레몬즙을 넣어서 먹으면 식욕을 되찾을 수 있다. 보건복지부에서 발표한 노인을 위한 일곱 가지 식생활 지침을 살펴보자.

노인을 위한 식생활 지침

1. 생선, 육류, 달걀 등을 골고루 먹자.
2. 매일 우유 한 잔과 과일을 먹자.

---

8) 정재호 기자, '한국인 건강 수명은 70세, 식습관·술·담배로 9.4년 질병에 시달려?', <이데일리>, 2013년 6월 20일자 기사 참조.

3. 음식은 짜지 않게 싱겁게 먹자.

4. 매일 꾸준히 운동해서 적당한 체중을 유지하자.

5. 술은 조금만, 물은 충분히 자주 마신다.

6. 하루 세 번 식사 시간을 지키고 간식을 챙겨 먹자.

7. 음식을 먹을 만큼만 준비하고, 오래된 음식은 과감히 버리자.

나이가 들면 불에 구워 먹는 음식과 기름진 음식을 줄여야 한다. 육류나 생선 등 구운 음식을 조리할 때면 국제 암연구소(IARC)가 분류한 1군 발암물질인 벤조피렌이 발생하기 때문에 암에 걸릴 위험성이 높아진다. 기름진 음식과 과도한 육류 섭취도 줄이는 것이 좋다. 과도한 육류 섭취는 대장암 발생의 위험 요인이다.

나이가 들면 천천히 꼭꼭 씹어 먹어야 소화가 잘 된다. 젊었을 때는 돌을 씹어 먹어도 소화가 잘 되었겠지만, 나이 들면 물도 씹어 먹는 것이 건강에 좋다. 이성계와 신덕왕후의 인연을 다룬 '버들잎 설화'에는 "지나가던 나그네가 우물가의 아가씨에게 물을 청하자, 급히 마시면 탈이 날까 물바가지에 버들잎을 띄워줬다"라는 이야기가 있다. 물도 조심해서 마시지 않으면 체한다는 것이다. 나이가 들면서 식도와 기도의 근육이 약해지면 자주 사레가 들리는데, 이것은 '삼킴 장애(연하곤란)'라는 노화 증상이다. 급히 먹다가 기도로 넘어가면 호흡을 막을 수 있고 흡인성 폐렴이 될 수 있다. 음식을 꼭꼭 씹어서 천천히 먹고, 떡이나 삼키기 어려운 음식은 조심해야 한다.

이제 패스트푸드는 되도록 멀리하자. 패스트푸드라고 다 안 좋은 것은 아니고, 건강식인 것도 있다. 패스트푸드가 문제가 되는 것은 기름지고, 많은 양의 설탕과 소금이 들어 있어서 건강에 좋지 않은 영향을 미친다는 것이다. 세계보건기구에서는 소금 섭취량을 하루 10g 이하로 권장하고 있다. 패스트푸드에는 하루 섭취량보다 훨씬 많은 소금이 들어 있고, 열량이 높아 비만의 원인이 된다. 직장 생활할 때 바쁘고 간편하다는 이유로 패스트푸드나 인스턴트 음식을 자주 먹었더라도, 이제는 자연 숙성이나 발효 과정을 거친 슬로푸드로 바꿔야 한다.

슬로푸드 건강법 십계명[9]

1. **음식은 꼭꼭 오래 씹고 천천히 먹는다.** 식사는 여유 있게 30분 이상 하는 것이 좋다.
2. **집에서 음식을 직접 조리해서 먹는다.** 준비하는 과정에서 여유와 안정감을 느낄 수 있다.
3. **신토불이.** 자기 지역에서 생산한 음식이 기호에도 맞고 신선해서 영양가도 높다.

---

9) 이원종, 《삶을 바꾸려면 음식을 바꿔라》, 루이앤휴잇, 2016.

4. **재료의 색과 향이 짙은 음식을 먹는다.** 면역력을 높여주고 암·성인병 예방과 치료에 좋다.

5. **농약을 쓰지 않은 유기농 식품을 먹는다.** 화학비료는 유용한 미생물과 땅을 죽게 한다.

6. **살아있는 발아식품을 먹는다.** 미네랄과 비타민 등 각종 영양소가 풍부하다.

7. **현미밥이나 잡곡을 넣은 밥을 먹는다.** 몸에 좋은 생리활성 물질이 풍부하게 들어 있다.

8. **식물성 단백질과 식이섬유를 먹는다.** 비만과 각종 성인병을 예방한다.

9. **등 푸른 생선을 챙겨 먹는다.** 뇌세포의 손상을 막고 노화를 예방한다.

10. **신선한 야채, 과일 등 익히지 않은 음식을 먹는다.** 무기질·비타민·엽록소·효소가 보충된다.

영양제는 정량만 복용해야 제대로 된 효과를 볼 수 있다. 독일 식품의약청은 국민들에게 베타카로틴(비타민A)이 첨가된 주스나 영양제의 구매를 절제하라고 권고했다. 영국 보건부는 비타민B6를 하루 10g 이상은 섭취하지 말라고 권고했다. 비타민 등 영양보충제는 음식을 골고루 섭취하기 어렵거나 생체 기능이 저하된 사람들에게 도움을 줄 수 있다. 그러나 우리 몸에 가장 좋은 것은 영양제를 먹는 것보다 과일이나 음식을 통해 필수 영양소를 충족시키는 것이다.

사람들은 몸에 좋다고 소문난 식품이나 기능성 식품에 관심이 많다. '건강식품', '건강기능식품', '의약품'은 모두 다르다. '건강식품'은 건강에 도움을 줄 수 있는 식품이고, '건강기능식품'은 건강 기능성 원료를 사용해 우리 몸에 도움을 주는 식품이다. '의약품'은 몸이 아플 때 즉각적으로 효과를 주는 약품이다. 선물 받았거나 출처가 의심되면 성분과 유해성을 검색해보고 복용하는 것이 좋다. 건강기능식품은 식품안전나라(www.foodsafetykorea.go.kr)에서 성분과 기능, 섭취 방법 등을 모두 확인할 수 있다(식품안전정보원 상담은 1577-2488를 이용).

모든 직장인이 그렇듯이 경찰관도 바쁘다. 특히 112 신고가 들어오면 즉시 출동하는 지구대나 파출소에서 근무하는 경우 더욱 그렇다. 사건이 언제 발생할 줄 모르니 식당에 가면 빨리 나오고 빨리 먹을 수 있는 해장국이나 설렁탕이 단골 메뉴다. 그나마도 다 못 먹고 숟가락을 꽂아둔 채로 출동을 나가거나 아예 식사 시간을 놓치는 경우도 많다. 그래서 폭행 사건이나 교통사고 등 한바탕 사건을 치루고 나서 허기를 때워주는 컵라면의 맛은 정말 최고다.

음식을 폭풍 흡입하고, 먹다 말고 신고 현장으로 뛰쳐나가고, 주취자에게 욕설을 한 바가지 얻어먹고 속이 끓어도 소화는 잘됐다. 젊을 때는 돌을 씹어 먹어도 소화가 잘된다는 말이 맞는 듯하다. 그러나 이제는 그런 나이를 지나왔다. 아무리 몸에 좋은 음식이라도 나에게 맞지 않으면 소용이 없고 오히려 건강을 해칠 수 있다. '새벽이슬을 뱀이 먹으면 독이 되고, 소가 먹으면 우유가 된다'고 한다. 사람마다 자신의 체질에 따라 편한 음식과 부담스러운 음식이 있다. 내가 매일 먹는 음식은 나의 몸을 만드는 중요한 요소들이므로 내 몸에 맞고 좋은 음식을 선택하는 정성과 노력이 필요하다. 은퇴 후의 장점은 식사 시간에 쫓기지 않아도 된다는 것이다. 음식 고유의 풍미를 느끼면서, 내 몸과 마음에 에너지를 샘솟게 해줄 거라는 마음으로 즐겁게 먹자.

은퇴 후에 좋은 운동과
나쁜 운동

노인의 모습은 구부정한 자세에서부터 나타난다. 노화가 진행되면 관절이 약해지고, 근육량이 감소하므로 자신의 신체 상태에 맞게 운동을 선택하고 조절해야 한다. 지방이 축적되면 동맥경화, 심장병, 뇌졸중 등을 일으키고, 넘어져서 다치면 대퇴골절로 사망할 확률이 암보다 높다. 평소 자세를 바르게 하고 유산소 운동과 근력 운동을 함께해야 한다.

바른 자세를 갖는 것은 신체 관리의 기본이다. 아프리카 마사이족은 90세가 되어도 허리가 바르다. 그들은 평균 신장이 180cm에 체격이 크고 신발을 거의 신지 않고 맨발로 생활하는데도 근골격계 질환이 거의 없다고 한다. 품격 있는 자세를 위해서는 배꼽과 항문에 동시에 힘을 주면 허리가 곧게 펴지면서 바른 자세를 유지할 수 있다. 평소 어깨를 구부리고 일하는 습관이 있다면 수

시로 등 뒤로 손을 잡는 운동을 하면 어깨가 펴진다.

유산소 운동은 산소를 마시면서 지방과 탄수화물을 연소시켜 에너지를 생산하는 운동이다. 걷기, 등산, 배드민턴, 달리기, 사이클, 수영 등 종류가 다양하다. 유산소 운동은 심폐 기능을 향상시켜주고, 체내 산소 농도가 증가되면서 두뇌 활동에도 효과적이다. 유산소 운동은 부상 위험이 높기 때문에 준비운동을 꼭 해야 한다. 처음에는 서서히 시작해서 일주일에 3~5회, 하루 운동 시간은 30~40분이 적당하다.

히포크라테스는 "걷기는 인간에게 가장 좋은 보약이다"라고 말했다. 하루에 30분 이상 걸으면 칼로리 소모는 물론 체내 지방이 줄어들고 신진대사가 촉진된다. 체내 지방은 적어도 30분 이상 운동할 때 연소되므로 하루에 한 시간 이상 걷는 것이 좋다. 많이 걸을수록 혈압과 콜레스테롤 수치가 낮아지면서 심장 질환, 뇌졸중 예방에 효과가 있다.

하버드대학의 공공보건학부는 걷기와 뇌졸중의 관계 규명을 위해 7만 명을 대상으로 조사한 결과, '일주일에 20시간 이상 걸을 때 뇌졸중 발생 확률이 40%나 낮아진다'는 사실을 밝혀냈다. 관절염이 있어 걷는 것이 부담스럽다면 물속에서 걷는 방법도 좋다. 하루에 만 보를 걸으면 건강해진다고 알려져 있다. 특히 운동량이 부족한 사람들은 '만보계' 어플을 통해 하루에 얼마만큼 걸었는지 체크하기도 한다. 걷는 방법이 잘못되면 운동 효과가 떨어지고 오히려 부상을 입을 수 있다. 다음의 내용은 걸을 때 잘못된 습관이다. 자신이 어떻게 걷고 있는지 습관을 체크해서 바른 자세로 걷도록 하자.

걸을 때 잘못된 습관

1. 발을 너무 많이 들어 올린다. 앞으로 갈 때 넘어지기 쉽다.
2. 상체를 크게 흔들면서 걷는다. 노화와 운동 부족으로 중심 이동이 잘 안되고, 몸에 무리를 준다.
3. 무릎을 구부린 채로 걷는다. 구부린 자세에서 출발할 때, 보폭이 너무 클 때 무릎이 구부러진다.
4. 팔자걸음으로 걷는다. 허리와 어깨에 통증이 생기고, 발목과 무릎, 고관절이 변형된다.

바르게 걷는 방법

1. 걷는 동안 척추를 세워준다는 느낌으로 허리를 먼저 세운다.
2. 눈은 정면을 바라보고, 가슴을 활짝 펴고 걷는다.
3. 걸을 때 무릎을 쭉 폈다 자연스럽게 굽혀야 한다.
4. 팔은 몸을 스치면서 자연스럽게 움직인다.
5. 엉덩이를 뒤로 빼지 않고 가슴을 활짝 편다.
6. 양발은 11자를 유지하며 발뒤꿈치-발바닥-엄지발가락 순으로 걷는다.

무산소 운동은 근력 강화 운동으로 뼈를 단단하게 해주어 관절염 예방에 효과적이다. 대퇴골 골절로 인해 1년 이내에 30%정도, 즉 10명 중 3~4명이 사망한다는 통계가 있다. 나이가 들면 단순히 발을 접질려 넘어지기만 해도 골절되는 경우가 있다. 낙상을 예방하기 위해 균형감각과 근력을 키우는 운동이 필요하다. 고령의 골다공증 환자는 주의하지 않으면 부상당할 위험이 있으므로 운동은 주 2~3회, 15분 정도가 좋다. 운동 후에는 반드시 근육을 풀어줘야 근육통 및 관절통이 생기지 않는다. 뼈 건강을 위해서는 적절한 칼슘 섭취가 필요하고, 칼슘 흡수를 위해 햇볕을 자주 쬐어 비타민D를 생성시키는 것이 좋다.

운동을 너무 많이 하거나, 잘못된 방법으로 하면 안 한 것만 못한 경우도 있다. 등산은 시간당 열량이 600~1,080 칼로리가 소모되어 마라톤보다 3배, 조깅보다 2배 이상 효과가 있다. 그러나 등산을 잘못하면 관절에 무리가 되고, 탈수와 저체온증, 급성 심장마비 등으로 목숨을 잃을 수도 있다. 무거운 배낭을 메고 등산을 하면 요추염좌, 무릎 관절염, 어깨 회전근개 파열 등 위험이 있고, 산에서 내려오는 길은 무게가 쏠려서 관절에 부담을 주므로 무리하지 말아야 한다.

골프, 탁구, 볼링처럼 한쪽으로 몸의 무게가 실리거나 회전하는 힘에 의해 근육에 부담을 주는 운동은 관절이나 어깨, 무릎 등에 질환이 있으면 해가 될 수 있다. 골프의 스윙 동작은 팔을 뻗으면서 상체는 돌아가는데 하체는 버티고 있는 힘으로 인해 허리와 골반에 무리가 될 수 있다. 골프를 치고 와서 담이 들렸다거나 허리에 심한 통증을 호소하는 사람들을 주변에서 많이 보았을 것이다. 뭐든지 하루아침에 되는 것은 없다. 한꺼번에 욕심내지 말고 근력 운동과 유연성 운동을 꾸준히 하고, 운동 전후에는 스트레칭을 해야 한다.

수영은 어깨가 아픈 사람에게는 오히려 해로울 수 있으므로 피하는 것이 좋다. 수영 동작은 팔을 저으면서 물살을 헤치고 나아가는 동작이 많기 때문에 어깨 관절을 많이 이용하게 된다. 발차기 동작으로 무릎 관절에 무리를 느끼는 사람은 '수중 워킹'을 선택하는 것도 좋다. 자기 몸 상태에 따라 수영 종목을 선택하는 것이 좋은데, 접영과 평형은 뒤로 젖히는 동작이므로 협착증이 있다면 배영 위주로 하는 것이 좋다.

허리나 무릎이 아프거나 체중이 많이 나가는 비만 체질은 척추와 관절에 체중이 실려 무릎 관절에 압력을 가중시키므로 운동이 오히려 해로울 수 있다. 평발의 경우에는 족저 근막염을 발생시킬 수 있으므로 달리기보다는 걷기 운동이 낫다.

요가나 스트레칭은 굳어 있는 관절이나 인대 등을 억지로 늘이려고 하다 보면 인대가 파열될 수도 있다. 충분히 준비가 되지 않은 상태에서 목이나 허리를 과도하게 꺾거나 굽히는 동작은 금물이다. 가벼운 체조를 하면서 경직된 몸을 서서히 풀고 관절을 앞뒤 좌우로 가볍게 흔들어준 뒤 근육이 부드러워지면 스트레칭을 하는 것이 안전하다. 아침운동이 좋다고 새벽 일찍부터 나가면 고혈압 환자나 심혈관 질환자에게는 아침 기온이 낮아 위험할 수 있으므로 해가 뜬 후에 운동을 하는 것이 안전하다.

보건소에 따라서 어르신을 대상으로 낙상 방지를 위한 운동교실을 운영하는 곳도 있다. 보건소 관계자는 "고령사회로 접어들어 어르신들의 낙상 방지와 건강 관리가 더욱 중요해졌으며, 앞으로 100세 시대 장수 실현을 위해 다양한 프로그램을 지속적으로 개발·운영해나갈 계획"이라고 했다. 각 보건소 또는 노인복지관에서도 다양한 건강 관리 프로그램을 시행하고 있고, 혼자 하면 재미도 없고 지쳐서 그만두게 되지만 여럿이 함께하면 더 즐겁게, 꾸준히 오래 할 수 있다.

은퇴를 하면 여가 시간에 등산을 다니겠다는 사람이 많다. 오래전 함께 근무했던 분이 등산을 좋아하셨는데, 정년퇴직 후 몇 달도 안 되어 돌아가셨다. 등산을 갔다가 낙엽을 밟고 미끄러지면서 돌부리에 머리를 부딪친 것이다. 다른 한 분은 50대 초반이었는데, 비번 날 약초를 캐러 갔다가 다리를 다쳤고, 119 산악구조 헬기가 도착했을 때는 이미 과다출혈로 손을 쓸 수 없었다. 운동도 중독이라고 한다. 알코올중독이나 도박중독보다는 낫겠다는 생각이 들지만 지인의 비보를 곁에서 겪고 나니 좋아하고 잘하는 운동이라도 방심하거나 욕심내면 안 된다는 생각이 든다. 지나친 운동은 해가 된다. 격한 운동보다는 나이에 맞는 운동을 습관화하는 것이 좋다. 몸과 마음은 따로가 아니다. 마음이 심란하거나 자신감이 부족하면 걸음걸이부터 활기차지 않으며 어깨까지 처지게 된다. 고대 로마의 시인 유베날리스는 "건강한 육체에 건전한 정신이 깃든다"고 했다. 몸이 아프고 불편하면 마음도 아프게 된다. 즐겁게 걸으면서 스트레스를 해소하고 건강한 노년을 보내자. 걸으면 살고 못 걸으면 죽는다.

치매를 예방하는 방법

답에 대한 힌트를 줄 때 기억이 나면 '건망증'이고, 아예 기억을 못 하면 '치매'라고 한다. 무슨 일을 하려고 했는데 갑자기 생각나지 않을 때가 있다. 이런 현상이 반복되면 기억력이 감퇴한 것인지, 치매 초기 증상인지 살펴봐야 한다. 치매는 사회적 · 경제적 부담이 동반되는 질환으로 연령대가 높아질수록 발병률이 높아진다. 치매는 개인의 고통은 물론 가족들에게 고통과 부담을 주기 때문에 예방하고 조기 발견해서 치료하는 것이 중요하다.

치매의 종류는 '알츠하이머 치매'와 '혈관성 치매', '알코올성 치매'가 있다. '알츠하이머 치매'는 퇴행성 뇌질환으로 발병하고, 서서히 진행되다 말기에 여러 신경학적 증상이 동반된다. 아직까지 알츠하이머병을 치료할 수 있는 방법은 없다. '혈관성 치매'는 뇌혈관 질환, 심혈관 질환 등에 의해서 발병한다. '알코올성 치매'

는 잦은 음주로 인해 기억을 담당하는 '해마'가 손상되면서 발병한다. 이렇게 치매는 여러 가지 원인에 의해 뇌기능이 손상되면서 기억력과 인지 기능에 문제가 발생하는 것이다. 치매는 뇌종양, 갑상선 질환만 원인이 아니라 우울증이 심각해도 발생할 수 있고, 약물 부작용이나 영양 문제로도 걸릴 수 있다. 조기에 발견하면 5~10% 정도는 완치도 가능하고 좋아질 수 있다. 치매에 걸리면 대소변을 못 가리거나, 가족들에게 욕설과 폭력을 휘두르거나, 무단 외출로 집을 못 찾아오는 일이 잦아진다. 가족들이 감당하기 어려울 지경이 되면 요양병원이나 요양원에 입소하게 된다. 환자는 환경 변화와 가족들과의 이별로 치매 증상이 더욱 악화되고, 가족들은 보살펴주지 못한 죄책감으로 깊은 상처를 안게 된다.

우리나라 치매 환자는 2018년 기준 65세 이상 전체 노인 738만 명 중 75만 명(10.1%)으로 10명 중 1명이 치매를 앓고 있다. 치매는 환자의 신체적 고통뿐만 아니라 가족들의 간병 부담으로 경제적 고통까지 안겨준다. 2017년부터 우리나라는 치매 국가책임 제도를 시행하고, 전국 보건소에 치매안심센터를 설치해서 치매 어르신과 가족을 지원하고 있다. 치매를 조기에 발견해 치료하면 치매 환자는 건강한 상태를 유지할 수 있고, 가족들의 부담도 줄어든다. 치매가 의심되면 60세 이상 성인은 누구든지 보건소를 이용할 수 있다. 선별검사는 무료이고, 진단검사와 감별검사는 비용의 일부만 지원된다. 자세한 내용은 "18세의 기억을 99세까지, 99세까지 88하게"를 기억해서, 치매상담콜센터(1899-9988)에 문의하자.

치매 어르신 실종 신고의 경우 파출소, 형사, 실종팀이 총동원되어 수색을 하지만, 휴대전화를 갖고 나가지 않는 경우가 많아 위치 추적도 안 된다. 시골 밭고랑이나 화장실에 쓰러진 채 발견되는 경우도 있고, 짐작하지 못했던 원거리에서 발견되기도 한다. 치매 노인은 발견해도 자기 이름을 기억하지 못하는 경우가 많아 보호자를 찾기가 어렵다. 실종예방을 위해 경찰청의 '지문등 사전등록 제도'와 보건소 치매안심센터의 '배회 가능 어르신 인식표'를 이용하면 보호자에게 즉시 연락이 가능하다. '지문등 사전등록 제도'란 치매 노인의 사진과 인적 사항, 지문, 신체적 특징 등을 경찰 데이터 시스템에 입력해놓고 관리하는 제도다. 대상자 사진, 치매진단서와 가족관계증명서를 지참하고 가까운 경찰서, 지구대로 방문하거나 스마트폰 어플 '안전 Dream'으로도 등록 가능하다.

또한 보건소 치매안심센터에서는 '배회 가능 어르신 인식표'를 발급해주고 있다. 인식표에는 경찰청 전산시스템과 연계된 고유번호만 표시되므로 타인에게 노인에 대한 신상정보가 노출될 염려는 없다. 치매 노인을 길에서 찾았을 경우 고유번호를 검색해 실종노인의 신상정보를 확인하고, 즉시 보호자에게 연락한다. 인식표는 대상자가 자주 입는 옷과 소지품 등에 다리미로 다리면 인쇄가 되고, 세탁을 해도 지워지지 않아 반영구적으로 사용이 가능하다. 자세한 내용 문의나 신고는 경찰청 (국번 없이)112 또는 182 상담, 보건소 치매상담 콜센터(1899-9988)로 연락하자.

치매 자가진단 테스트

인지장애 평가도구 KDSQ-C	
1. 오늘이 몇 월 며칠인지 모른다.	9. 예전에 비해서 물건 값 계산을 못한다.
2. 자기가 놓아둔 물건을 찾지 못한다.	10. 예전에 비해 화를 잘 내고 성격이 변했다.
3. 같은 질문을 반복해서 한다.	11. 이전에 잘 다루던 기구의 사용이 서툴러졌다.
4. 약속을 잊어버린다.	12. 예전에 비해 방이나 집안 정리정돈을 못한다.
5. 물건을 가지러 갔다가 깜박하고 그냥 온다.	13. 상황에 맞는 옷을 선택해서 입지 못한다.
6. 물건이나 사람 이름을 말하기 힘들어 머뭇한다.	14. 혼자서 대중교통으로 목적지에 갈 줄 모른다.
7. 대화 중 이해가 되지 않아 반복해서 물어본다.	15. 내복이나 옷이 더러워져도 갈아입지 못한다.
8. 길을 잃거나 헤맨 적이 있다.	
※ 아니다(0점), 가끔 그렇다(1점), 자주 그렇다(2점)로 점수를 매겨보자. 6점 이상인 경우 치매 정밀 진단을 받아볼 것을 권장한다. 6점 이상이 나왔다고 무조건 치매 판정을 받는 것은 아니지만, 일반적인 뇌기능 저하에 따른 증상인지, 실제 치매 전조 증상인지는 검사가 필요하다.	

(출처 : 서울대학교병원 건강증진센터)

보건복지부 중앙치매예방센터에서는 치매예방 수칙 3권(勸), 3금(禁), 3행(行)을 발표했다. 먼저 3권(勸), 즉 권장하는 세 가지는 운동, 식사, 독서다. 걷기, 자전거타기 등 일주일에 3번 이상 숨이 찰 정도의 고강도 운동을 한다. 견과류, 등 푸른 생선, 시금치, 카레, 잡곡류, 해조류 등을 골고루 먹고 육류 등의 고지방 섭취는 치매의 위험성을 높일 수 있으므로 피하는 것이 좋다. 마지막으로 독서나 게임, 악기 배우기 등의 두뇌 활동을 꾸준히 한다.

다음으로 3금(禁), 즉 금지하는 세 가지는 술, 담배, 뇌 손상이다. 음주를 한 사람은 노년기에 치매에 걸릴 확률이 2.6배 높고, 흡연자는 비흡연자에 비해 치매 발병 위험은 1.59배 높고, 알츠하이머에 걸릴 확률이 3배 높다. 술과 담배를 자제하면 치매에 걸릴 위험이 감소한다. 머리를 다치지 않도록 조심하고, 머리를 심하게 다치거나 부딪혔을 때는 검사를 받아보는 것이 좋다. 마지막으로 3행(行), 즉 행해야 하는 세 가지는 건강 검진, 소통, 치매 조기 발견이다. 당뇨는 1.46배, 고혈압은 1.61배로 치매에 걸릴 확률이 증가한다. 당뇨나 비만 고혈압에 걸리지 않으려면 평소 음식도 주의하고, 수시로 체크하고 정기검진을 꼬박꼬박하는 것이 좋다. 활발한 사회 활동을 했던 사람이 노년에 그 활동 빈도가 떨어지면 치매 걸릴 위험성이 1.9배 높아진다. 자원봉사활동, 복지관이나 경로당 프로그램 참여 등의 사회 활동을 많이 할수록 인지 기능의 저하 속도가 느려져 예방 효과가 있다. 또한 보건복지부 중앙치매센터에서는 치매 예방 운동법(뇌신경 체조법)을 알려준다. 그 내용은 다음과 같다.

치매 예방 운동법(뇌신경 체조법)

1. **얼굴 두드리기** : 양손가락으로 이마-눈썹-볼과 콧볼- 인중-입술-턱까지 순서대로 2회
2. **눈 돌리기** : 얼굴은 정면에 고정, 눈동자만 상하좌우, 시계(반대) 방향으로 각각 2초씩
3. **눈 감고 씹기** : 4초간 눈을 꼭 감고 4초간 어금니 물기 2회
4. **소리내기** : '아-으-우-이' 소리 내서 2회 반복
5. **볼 혀 쓰기**: 입을 다물고 양 볼을 최대한 부풀려서 '4초 유지-최대한 수축시켜 4초 유지' 반복

고통 없이 살다가 마지막까지 인간다운 존엄성을 지키며 아름답게 떠나고 싶은 것은 모든 사람의 소망이다. 로마의 철학자 시세로는 "노인의 노망과 광기는 의지가 약한 사람들에게만 나타난다"라며 적극적으로 정신 활동을 하는 사람은 노망이나 광기를 약화시킨다고 말했다. 치매는 완치되는 것은 어렵지만, 관리하면 예방이 가능하다. '뇌섹녀', '뇌섹남'은 '똑똑하고 지적인 사람'을 말하는 신조어다. 신체 나이가 80이라도 두뇌 관리를 잘하면 스마트한 뇌섹남과 뇌섹녀가 될 수 있다.

PART 8

마음

은퇴는 슬픈 일이 아니라
행복한 일이다

은퇴는 인생의 중요한 변화이고, 누구에게나 은퇴할 시점은 다가온다. 퇴직 날짜가 다가올수록 이제는 모든 것을 내려놓아야 한다는 생각에 허탈하고 의욕이 상실된다. 감정이 예민해지고 사소한 일에도 분노를 느낀다. 모든 사람들이 공백기에 스트레스를 받는 것은 아니다. 꿈꾸던 미래가 저만치 멀어졌다고 주저앉으면, 인생이 덧없고 허무하다는 생각만 들 것이다. 마음의 시선을 앞으로 두고, 이제 무엇을 할 것인지, 어떤 사람이 되고 싶은지 생각하면서 미래를 그려나가야 한다.

국민연금공단이 50대 이상을 대상으로 '은퇴 후 좋은 점과 나쁜 점'에 대해 조사한 결과, 은퇴 후 좋아진 점으로 '일에 대한 스트레스로부터의 자유로움(32.2%)', '직장과 사회에서 얽힌 인간관계에서 자유로움(17.8%)'이라고 답했다. 나빠진 점은 '경제적 어려움

(43.3%)'이고 '나빠진 것이 없다(20.9%)'는 응답도 있었다. 진정한 자유는 과거에 대한 집착과 미래에 대한 두려움에서 벗어날 때 얻는 것이다. 은퇴 후 어떤 사람이 되고 싶은지, 무엇을 하고 싶은지 알고 실행한다면 인생에서 가장 자유롭고 의미 있는 시간을 보낼 수 있다.

나이가 들면 누구나 신체적·정신적 변화를 겪는다. 사회적으로는 노인 소리를 들어야 하고 가정에서는 할아버지·할머니가 되며, 직장에서는 퇴직을 맞이한다. 갑자기 뇌졸중이나 심근경색, 암 같은 병이 들면 건강에 대한 자신감을 잃고 죽음이 현실로 다가오고 있음을 느낀다. 이런 문제는 사람들을 불안하게 만드는 새로운 현실인 동시에, 인생에서 꼭 한 번은 씨름해야 하는 문제다. 삶의 전환 과정을 알고 이해하면 인생의 큰 변화를 맞이하고 적응할 때 도움이 된다.

영국의 종교철학 교수인 크리스토퍼 해밀턴은 중년의 내면에는 '아직은 기운도 있고 삶을 향유할 수 있어' 하는 자아와 '이제 나도 나이가 들어가는구나' 느끼는 두 자아가 있다고 한다. 원하는 것을 위해 에너지를 발산하고 노력하다가도, 의지와 다르게 몸이 따라 주지 않고 병이 하나둘 늘어갈 때 죽음을 생각하지 않을 수 없다. 노년은 인생의 성숙함으로 생명과 에너지를 발산하는 자아와 나이 듦과 죽음을 직시할 수 있는 두 자아를 함께 안을 수 있어야 한다.

미국의 칼럼니스트 아비게일 트래포드는 《나이 듦의 기쁨》에서 노년을 '두 번째 사춘기'라고 표현했다. 오늘날 '중년'이란 30대 후반에서 60대 중반까지를 말한다. 10대 사춘기를 '질풍노도'와 같은 사춘기라고 하면 50대는 '노련하고 지혜로운' 사춘기다. 인생의 단계라는 것은 편의상의 구분이고 개인에 따라 어떤 사람은 심각하게 느끼고 어떤 사람은 그냥 세월을 흘려보낸다. 인생의 마무리 단계에서 '나는 누구이고 무엇을 원하는가?'라는 질문을 진지하게 던지는 시간은 의미 있는 시간이다.

어느 은퇴자가 퇴직을 앞둔 사람에게 말하기를 "노후 준비를 얼만큼 했든 '과거 정리'를 꼭 해야 한다. 평생을 바쳐 일구어놓은 자리를 잃는다는 상실감은 굉장히 크다. 아무리 정년이 짧아졌고, 많은 사람들이 받아들인다고 해도 실제 퇴직을 경험한 사람의 90% 이상이 힘든 시간에 얽매여 앞으로 나가지 못한다. 지나간 시간에 연연해하지 말고 앞으로 사는 것에 대한 새로운 기준을 정하는 과정이 반드시 필요하다"고 조언한다.

사람들은 실직이나 퇴직이 삶에 커다란 변화를 주는 것은 알고 있지만, 구체적인 계획이 없는 경우가 많다. 미국 정신과 전문의 조지 베일란트 박사는 "사람들은 행복한 삶을 원하면서도 어떻게 노력해야 하는지는 잘 모른다"라며 행복의 조건은 '긍정적 노화', '건강하게 나이 드는 것', '품위 있게 나이 드는 것'이라고 정의했다. 건강하게 나이를 들려면 사회적·정서적 건강뿐만 아니라 신

품위 있게 나이 든 사람들의 공통적인 특징

1. 사고가 개방적이며, 타인을 소중하게 살피고, 사회에 보탬이 되려고 노력했다.
2. 나이 듦을 받아들이고 기쁜 마음으로 견뎌냈다.
3. 언제나 희망을 잃지 않았고, 자기가 할 수 있는 일은 자기가 하고 매사에 주체적이었다.
4. 유머감각이 있으며 삶에서 즐거움을 찾아 즐긴다.
5. 과거를 되돌아보고 과거의 성과를 소중한 재산으로 삼았다.
6. 친구들과 오랫동안 좋은 관계를 위해 노력했다.

체적 건강을 유지하면서 품위 있게 나이 드는 것이 중요하다.

100세 철학자 김형석 서울대 명예교수는 "60살이면 자식들로부터 해방되고 직장으로부터 해방되어 새로 태어난다. 60부터 90까지 30년을 어떻게 사느냐가 관건이다"라며 60세 이후의 삶의 방법을 제시했다. 첫째, 절대 놀아서는 안 된다. 봉사가 됐든 놀이가 됐든 무엇이라도 하자. 둘째, 무엇이 되었든, 내가 성장하기 위해 공부하자. 셋째, 평생 못 했던 일을 하나씩 하자. 또한 "한국에서는 60살 넘으면 놀기 시작하는데, 노는 사람이 많으면 불행한 사회다. 미국 사회에서는 노는 사람이 제일 바보다. 일주일 중 나흘을 매일 두 시간씩 병원에서 봉사하고 1년 동안 번 돈으로 성지

순례를 가거나 여행을 떠나는 사람이 많다. 호스피스로 무료 봉사를 해도 좋다"고 말한다.

김형석 교수는 '인생에서 노른자는 60대'라고 했다. 50세는 일에서는 절정의 시기이지만 아직 철이 안 났고, 61~75세 정도는 되어야 가장 행복한 나이라는 것이다. 뇌 과학 연구의 세계적인 권위자인 듀크대 카베자 박사는 60세 이상 노인을 대상으로 한 연구를 통해 "노인은 20~30대의 젊은이와 비슷한 기억력과 추리력 등의 지적 수행 능력이 있고, 한쪽 뇌만 사용하는 젊은이들과는 달리 양쪽의 뇌 모두를 사용한다"고 발표했다. 은퇴와 함께 내 인생이 끝났다고 생각하면 30년을 포기하는 것과 같다.

《나는 걷는다》의 저자 베르나르 올리비에는 30여 년 동안 기자 생활을 하고 은퇴했다. 60세가 된 그는 TV 앞과 소파에서 편안한 노후를 보내지 않고 오래전부터 꿈꾸어온 계획을 실행에 옮겼다. 그 계획은 터키 이스탄불에서 중국의 시안까지 실크로드 12,000km를 걸어서 여행하는 것이었다. 그가 여행하는 데는 세가지 원칙이 있었다. 첫째, 어떤 일이 있어도 걸어서 간다. 둘째, 서두르지 않는다. 셋째, 느리게 간다. 그는 해마다 봄부터 가을까지 기간을 정해놓고, 단 1km도 빼먹지 않고 4년에 걸쳐 걸어서 실크로드를 여행했다.

영국의 평론가 존 러스킨은 "인생은 흘러가는 것이 아니라 채워가는 것이다. 우리는 시간을 그냥 보내는 것이 아니라 내가 가진 무엇으로 채워가는 것이다"라고 했다. 끝이 좋아야 다 좋다는 말이 있지 않은가! 지금부터가 인생 후반전이고, 시간은 많이 남아 있으며 누가 뭐라든지 나의 길을 걸어가면서 스스로 만족하는 성공을 만끽해야 한다. 다른 사람과 비교하고 남을 의식한 성공이 아니라 나 자신을 만족시킬 수 있는 삶을 살아야 한다. 이제부터는 내가 필요로 하는 성공이 어떤 모습인지 그려보고, 내 안에서 성공에 대한 목표를 찾아야 한다. 내 인생의 나침반인 목표만 갖고 있다면 내 인생이라는 멋진 항해는 계속된다.

갑옷을 벗어버린다

　높은 지위에서 최고의 권위와 명예를 누렸던 사람일수록 체면을 내려놓지 못한다. 개인적으로 분명한 정체성과 기쁨을 느끼게 해준 과거의 계급장과 든든했던 갑옷을 내려놓는 것은 쉽지 않다. 소중한 과거를 보내는 것은 그 시절의 나라는 존재가 죽은 존재가 되는 것 같기 때문이다. 인정받아야 하고, 사랑받아야 하고, 명예와 권력과 인기를 누려야 한다는 착각에서 깨어날 때 진정한 나 자신이 된다. 퇴직과 함께 수반되는 변화를 능동적으로 받아들이고 체면을 과감히 벗어던져야 새롭게 맞이하는 인생이 편안하다. 그 변화는 바로 나 자신을 위한 것이다.

　우리나라는 전통적으로 체면을 중요시하는 문화가 깊이 자리잡고 있다. "양반은 비가 와도 뛰지 않고, 냉수를 먹고도 이를 쑤셨으며, 얼어 죽는 한이 있어도 곁불은 쬐지 않는다"는 말이 있다.

체면(體面)은 몸의 바깥 면이라는 뜻으로 남을 의식하고 남의 기준에 자신을 맞추려는 것이다. 체면은 인간관계 속에서 서로 지켜야 하는 사회·문화적 규범이다. 체면을 유지하려는 욕구는 표현 방법에 차이가 있을 뿐, 세계 모든 나라에 존재한다. 서구 사회는 자기중심적이고 평등 지향적인 반면, 유교문화의 영향으로 동양권에서는 신분과 관계를 중시한다.

영국의 시사경제 주간지 〈이코노미스트〉의 한국 특파원이었던 다니엘 튜더는 "한국 사회에서 체면은 '나 자신이 누구인지'가 아니라 '내가 누구여야 하는지'의 문제이기 때문에 체면 인플레이션이 심각하다"고 지적했다. 한국에서의 체면은 서양의 체면에 비해 타인 의식적·신분 지향적 특성이 강하다. 심리학자 허태균 교수는 "한국 사회가 '조직적 수직사회'를 중요시했다면 그 역할에 맞는 행동만 하면 되므로 단순하고 쉬웠을 것이다. 한국은 '관계적 수직사회'이기 때문에 사회 생활이 더 복잡하고 어렵다"고 말한다. 이 말은 내가 조직에서 어떤 위치인지보다 내가 저 사람보다 높은지 낮은지를 더 중요하게 생각한다는 것이다.

체면과 자존심은 스스로를 해치고, 다른 사람도 해친다. 몇 년 전 퇴직 후 자신을 무시한다며 부인과 딸을 흉기로 찔러 살해한 60대가 징역형을 선고받았다. 그는 경찰 조사에서 "아내와 딸이 퇴직 후 별다른 벌이가 없는 자신을 무시하는 것 같아서 살해했다"고 진술했다. 우리나라는 OECD 국가 중 자살률 1위다. 그럼에도 정신과에서 처방하는 항우울제 복용량은 평균적인 국가들 사용량의 1/3 수준이다. 죽을 만큼 우울하고 힘들어도 체면 때문에 병원 치료를 거부하고, 정신질환자라는 편견이 주는 두려움 때문에 병원 치료도 못 받고 극단적인 선택을 하는 것이다. 이러한 체면 문화는 변화된 환경에 적응하는 데 어려움을 준다. 새로운 일자리를 찾을 때 가장 큰 걸림돌이 체면이다. 헤드헌팅 업계에서는 "대기업 출신들은 하루에도 열 번씩 '난 OO대 OO기업 출신이다'라는 말을 입에 달고 산다"라는 이야기를 한다. 이것은 '내가 왕년에 대기업 임원 출신인데, 아무 일이나 할 사람이 아니다'라는 체면 의식의 표출이다. 퇴직 전 지위, 능력에 비해 차이 나는 일자리를 알선해주면 불편함을 호소하거나 아예 적개심을 드러내는 사람도 있다. 체면을 내려놓고 내가 관리자가 아닌 실무자로서 적합한 사람인지에 중점을 두어야 새로운 일자리를 찾을 확률이 높아진다.

은퇴 후의 생활은 완벽해야 한다는 긴장감을 내려놓아야 한다. 단점을 감추려고 강하게 행동하는 것은 자기 자신에게 지나친 억압으로 작용해 외로운 사람이 될 수 있다. 은퇴 전의 직위에서 벗어나 자신의 현재 모습을 인정하고 주변 사람들에게 다가갈 수 있어야 한다. 현실 속에서 소박한 즐거움을 찾는 것도 중요하다. 자신이 특별하다는 생각을 하면 할수록, 스스로 절망하거나 타인을 원망할 수 있기 때문이다.

프랑스 작가 생텍쥐페리가 쓴 《어린 왕자》에서 첫 번째 별에는 권위적인 왕이 살고 있다. 왕은 신하가 자신에게 종속되어 있다고 생각하지만, 사실은 왕이 신하에게 종속되어 있다. 신하 없는 왕은 존재할 수 없기 때문에, 명령하는 자가 명령에 따르는 자를 그리워하며 종속되는 것이다. 두 번째 별에는 허영심이 많은 사람이 살고 있다. 모든 사람이 자기를 존경해주길 바라고 칭찬하는 말만 듣는다. 어쩌면 그동안 직원들은 존경이 아니라 성과 평가, 승진을 위해 나를 우상처럼 숭배한 것일 수도 있다. 대부분 사람들은 그 시절을 잘 나갔던 때라고 회상하며 그리워한다. 체면과 권위를 버리지 못하면 인간관계에서도 외로워진다. 독일의 철학자 프리드리히 니체는 인간의 정신을 '낙타-사자-어린이'의 3단계로 구분했다. 낙타는 무거운 짐을 지고 권위와 의무에 복종하는 단계이고, 사자는 권위 있고 강한 힘을 과시하는 단계다. 어린이는 순진무구한 창조 정신을 가진 단계다. 사자는 거친 훈련과 사냥을 통해 동물의 왕이 됐지만 늘 삶이 긴장되고 고단하다. 어린이 단계는 권력과는 거리가 멀지만 사자도 누리지 못한 것을 즐기고 누린다. 어린이는 자신이 좋아하는 놀이에 몰입하고, 자신의 욕구에 집중한다.

카카오 프렌즈의 캐릭터 중 '라이언'은 사자다. 처음에 나는 곰인 줄 알고 '곰탱이'라고 불렀더니 딸아이가 라이언이라고 한다. 암만 봐도 생긴 모습이 곰이다. '라이언은 원래 아프리카 둥둥 섬의 왕위 계승자인데, 자유로운 삶을 위해 왕위를 포기하고 탈출해서 카카오 친구들의 든든한 조언자가 되었다'고 한다. 라이언은 왜 사자의 상징인 갈기가 없을까? 원래 갈기가 없었다는 말도 있고, 사자의 모습으로 다가가면 친구들이 무서워할 것 같아 갈기를 감추었다는 말도 있다. 곰이든 사자든 친구들과 잘 지내려고 노력하는 마음이 느껴진다.

SBS 프로그램 〈백종원의 골목식당〉에서 백종원 씨가 골목 안에서 작은 가게를 운영 중인 A씨를 크게 나무라는 장면이 있었다. 식당 주인 A씨는 백종원 씨에게 "현재는 골목에서 작은 가게를 운영하지만, 과거 중국에서 크게 사업을 했었다"고 말했다. 이 말에 백종원 씨는 "왕년에 무엇을 했든, 큰돈을 만졌든 그건 아무것도 아니다", "장사가 안 되는 사장님들 모여서 항상 하는 이야기가 '내가 왕년에'라고 하는데, 그 가게 절대로 장사 안 된다. 지금 현재가 중요한 거다"라고 충고했다.

고등학교 때 신세한탄을 자주 하시던 선생님이 생각난다. "내가 명문대를 나와서 고작 여기서 선생질이나 하고 있다"라는 말을 서슴지 않으셨다. 어느 날, 반 아이 한 명이 수업 시간에 짝꿍이랑 장난을 하다가 피식 웃었는데, 선생님이 자기를 비웃고 무시한다며 어찌나 역정을 냈는지, 정말 어처구니가 없어서 아직까지 기억이 생생하다. 지금 와서 생각해보니 그 선생님이 오히려 안쓰러운 생각이 든다.

누구나 타인과의 관계에서 존중받고 싶어 한다. 그러나 존중받고 못 받고는 내 뜻대로만 되는 것이 아니다. 누가 나를 알아주지 않는다고 해서 화낼 필요는 없다. 이제 전쟁은 끝났다. 내가 상대방을 경계하지 않고, 경쟁하지 않는 한 아무도 나에게 화살을 겨누지 않는다. 무거운 계급장과 갑옷을 벗어버리고 평온한 일상의 행복을 만끽하자.

나만의 멋과 매력을
만들어간다

　나이가 들어도 아름답고 매력적인 사람이 될 수 있을까? '매력
(魅力)'은 사람의 정신을 홀릴 만큼 끌어들이는 힘을 말한다. 외모,
옷차림, 성격, 태도, 능력, 정신적인 부분 등 매력은 포괄적이다.
같은 사람을 두고 매력을 느끼는 데는 차이가 있지만, 사람들은
매력적인 것에 끌린다. 사무엘 울만은 '청춘'이란 인생의 어떤 한
시기가 아니라 풍부한 상상력과 왕성한 의지력, 인생의 깊은 샘에
서 솟아나는 참신함을 뜻한다고 했다. 아름답게 늙는 지혜를 발휘
해 품위 있고 매력 있는 노인이 되자.

　사회심리학자들은 "외모가 매력적인 사람은 성공적인 삶을 살
고, 중요한 위치에 있을 것이라는 통념이 있다"고 말한다. 그러나
세월의 흐름에 따라 늙는 것은 아무도 막을 수 없다. 친사회성과
지적인 유능함이 있다면 신체적 매력이 없어도 큰 문제가 되지 않

는다. 외모와 무관하게 주변에 사람이 많은 사람들은 상대방이 자기를 마음에 들게 만드는 매력이 있다. 미국에서 가장 존경받는 퍼스트레이디로 손꼽히는 엘레나 루스벨트는 "아름다운 젊음은 우연한 자연 현상이지만, 아름다운 노년은 예술 작품"이라고 했다. 만고풍상(萬古風霜)을 겪으며 쌓인 지혜를 지녔고, 따뜻하고 협력적인 태도로 사람들을 대한다면 기품 있고 매력적인 노인으로 느껴진다. 그렇다면 나만의 멋과 매력을 만들기 위해 나는 어떤 일을 할 수 있을까?

내 열정을 위해 돈과 시간을 소비하자

오팔(OPAL) 세대는 베이비부머 세대를 대표하는 '58년 개띠'를 의미하는 동시에 '활동적인 생활을 하는 노인들'(Old People with Active Life)이라는 뜻을 가졌다. 모든 보석의 색을 담은 보석 '오팔'을 닮았다는 의미도 있다. 이들은 디지털 기기를 사용하는 데 익숙하고, 경제적·시간적 여유를 바탕으로 스스로를 위해 아낌없이 소비하며 열정적으로 살아가는 신노년층의 모습을 보여준다.

젊고 건강한 뇌를 유지하자

평소 뇌 자극 활동으로 '뇌 인지 예비 용량'을 올려놓으면 뇌세포 일부가 죽어도 다른 뇌세포들이 많기 때문에 건강한 뇌를 유지할 수 있다. '뇌 인지 예비 용량'을 높이는 방법은 걷기와 유산소 운동, 충분한 수면, 좋은 관계를 유지하는 것이다. 매년 각종 걷기

대회에 참가하는 87세 남자 걷기 왕의 뇌를 검사한 결과, 비슷한 연령대의 노인들에 비해 뇌의 부피가 크고, 뇌 인지 기능의 핵심인 회질 부분이 잘 발달되어 있는 것으로 확인됐다.

건강한 세포를 유지하자

2009년 노벨(생리의학)상 수상자 엘리자베스 블랙번과 건강심리학자 엘리사 에펠은 '텔로미어'가 노화와 수명에 직접적인 영향을 미친다고 말했다. '텔로미어'는 세포 속 염색체의 양 끝단 구조를 말하는데, 염색체의 손상을 막아주는 덮개 역할을 한다. 세포가 분열할 때마다 '텔로미어'의 길이가 조금씩 짧아지면서 줄어들면 건강한 세포가 생성되지 않고 노화가 진행된다. '텔로미어'는 음식, 운동, 수면, 사고 습관 등이 노화 예방에 영향을 미친다는 것을 보여준다.

향기 나는 사람이 되자

40세 이후부터 피부에서 '노넨알데하이드'가 분비되면서 노인 냄새가 난다. '노넨알데하이드'는 피지 속의 지방산이 산화되면서 생성된 물질이 모공에 쌓여 부패하면서 쾨쾨한 냄새가 발생하는 것인데, 주로 두피, 가슴, 겨드랑이, 귀 뒤, 목덜미처럼 피지 분비가 왕성한 곳에서 냄새가 난다. 나이가 들면 활동량이 적다고 자주 샤워를 하지 않는 경향이 있는데, 우리 몸은 운동할 때뿐만 아니라 자고 있을 때도 땀이 분비되기 때문에 매일 샤워를 하는 것이 좋다. 옷을 자주 갈아입고 햇볕을 쬐면 살균 효과가 있어서 냄새를 없애는 데 도움이 된다.

옷차림과 집안 물건을 밝게 하자

옷차림은 밝고 화사한 것으로 택하고, 자주 갈아입는다. 샤워를 자주 하고 가글용액이나 은은한 향수를 쓰는 것도 좋다. 일상용품은 가급적 새로운 것으로 자주 교체한다. 오래된 것을 버리고 자꾸 치워야 집안이 칙칙하지 않고 좋은 기운이 들어온다. 유치원과 노인정은 멀리서 바라봐도 차이가 나고 느낌이 다르다. 검소한 것은 좋지만, 궁상스러우면 사람들이 지저분하다고 느낀다.

젊음을 시기하지 말자

젊은 세대는 나보다 바쁘다는 것을 잊지 말고 배려해줘야 한다. 젊은 사람들이 무시를 하더라도 서운해 말자. 늙어서 화를 내면 추해지기 쉽다. 잘못한 것은 솔직하게 인정하고, 나이로 얼버무려 변명하지 않는다. 소설 《은교》에 등장하는 나이 든 주인공은 젊은 제자에게 질투를 느끼고, 22세 젊은 여성 은교와 성관계를 가지는 상상을 하며 파탄에 빠진다. "너희 젊음이 너희 노력으로 얻은 상이 아니듯 내 늙음도 내 잘못으로 받은 벌이 아니다"라는 대사는 나이 듦에 대한 편치 않은 심정이 드러난다. 나이는 살아가고 있는 시점을 알려주는 숫자일 뿐, 상(賞)도 아니고 벌(罰)도 아니다.

행복은 지금 내 곁에 있다

250년 전 서울에 장헌이라는 선비가 있었다. 그는 인왕산 아래 옥류동 골짜기에 있는 허름한 집이 마음에 들어 언젠가 그 집을 사서 꾸미고 싶은 소망을 가졌다. 집 둘레에 좋아하는 나무와 꽃을 가꾸고 채소밭을 일구는 꿈을 매일 꾸었고, 결국은 그것을 이루었다. 선비는 자신의 주위에 '맑은 복 여덟 가지'가 있어 행복하다고 했다. '태평 시대에 태어난 것', '서울에 태어난 것', '선비 축에 끼는 것', '문자를 이해하는 것', '주위에 아름다운 산이 있는 것', '수많은 꽃과 나무가 있는 것', '마음에 맞는 좋은 친구를 가진 것', '좋은 책을 가진 것'이라고 했다.

법정 스님은 법회 강연에서 "우리 주변에 자연은 무수히 있다. 강산의 원래 주인이 없다. 그것을 보고 느끼면서 즐길 줄 아는 사람만이 강산의 주인이 된다. 맑은 바람과 밝은 달을 즐길 줄 아는 사람은 세상에 많지 않다. 밝은 달도 늘 있는 것이 아니다. 날이 궂어서 뜰지 말지 알 수 없다. 기회란 그런 것이다. 우리가 관심을 안으로 기울이면 삶을 보다 풍요롭게 하는 것이 무수히 있다. 눈을 밖으로만 팔기 때문에 외부적인 상황이나 그 덫에 걸려서 삶을 제대로 이루지 못한다"라고 했다. 스님의 행복 네 가지는 '말벗이 되어주는 몇 권의 책', '무료할 때 마시는 차', '삶에 활력을 주는 음악', '일손이 필요한 채소밭'이라고 한다. 둘러보면 행복은 지금 내 곁에 있다.

자원봉사를 해보자

오드리 헵번은 〈로마의 휴일〉에서 앤 공주 역으로 아카데미 여우주연상을 수상한 세계적인 스타다. 그녀는 58세에 대장암에 걸리자 병원 대신 아프리카와 남미로 달려간다. 유니세프 명예대사가 되어 굶고 병들어 죽어가는 아이들을 도왔다. 대부분 배우들, 특히 여배우는 자신의 늙은 얼굴을 보여주는 것을 꺼려한다. 그러나 그녀는 초췌한 모습을 거침없이 드러내고 "이 죽어가는 아이들을 살려주세요"라고 호소했다. 사람들은 그런 모습이 영화 속에서 본 얼굴보다 더 아름답다고 했다. 오드리 헵번은 "사람은 두 손을 가졌다. 하나는 나를 위해, 다른 하나는 남을 위해 쓰라고.", "아름다운 눈을 갖고 싶으면 다른 사람들의 좋은 점을 보자. 아름다운 입술을 갖고 싶으면 친절한 말을 하자. 아름다운 자세를 갖고 싶으면 네가 혼자 걷고 있지 않음을 명심하면서 걸어라"고 말하며 아름다운 미모만큼이나 따뜻한 품성으로 세상을 떠나기 전까지 유니세프 친선대사로 구호 활동을 이어갔다. 현재까지도 그녀는 봉사의 아이콘으로 전 세계 사람들의 마음속에 기억되고 있다.

인간은 나이를 먹어서 늙는 게 아니라 열정을 포기하면서 늙기 시작한다. 열정이 타오르게 하려면 편히 살려는 유혹부터 뿌리쳐야 한다. 세월은 단지 피부 주름을 만들 뿐이지만, 열정을 포기하면 영혼에 주름이 생기기 때문이다. 사무엘 울만의 유명한 시 〈청춘〉에 이런 구절이 있다. "정신이 신체의 백설에 덮여 늘어져 있으면 스무 살이라도 늙은 것이다. 장미의 모습, 붉은 입술, 날렵한 손발을 가질 수는 없지만 머리를 높이 들어 희망의 파도 위에 올라서 있는 한, 도전하고자 하는 열정이 활활 타오르는 한, 여든이더라도 여전히 청춘이다".

죽음과 장례식에 대해
생각해본다

　우리가 죽음에 대해 아는 것은 누구나 가고, 순서도 없으며, 혼자 가는 것이라는 세 가지 사실이다. 죽음에 대해 모르는 것은 언제, 어디서, 어떻게 죽게 될지 아무도 알 수 없다는 세 가지 사실이다. 모든 생물은 흙에서 나서 흙으로 돌아간다는 말처럼 죽음은 살아있는 생명체라면 누구나 맞이하는 관문이다. 죽음을 피할 수는 없지만, 죽음을 준비한 사람은 평온한 죽음을 맞이할 수 있다. 우리는 죽음을 두려워하고 피하려고만 하지 말고, 직시하고 준비해야 한다. 인생의 마무리는 죽음이다. 아름다운 인생의 마무리를 위해 아름다운 죽음을 준비하자.

　죽음이 다가오면 생의 의미를 생각하고 살아온 날들을 돌아보게 된다. 의미가 없는 삶은 죽음이라는 거대한 사건 앞에 무너지게 된다. 죽음의 공포는 삶의 공포로부터 나온다. 서울대 권석만

심리학과 교수는 "성공적인 노년기를 보내는 사람들은 아무런 거부감 없이 죽음에 대한 이야기를 나누고, 죽음에 대해서 별로 두려워하지 않는다. 이들이 죽음에 대해 불안이 낮은 이유는 죽음을 삶의 하나로 인식하고 받아들이기 때문"이라고 한다. 사는 것과 죽는 것은 따로 분리되어 있는 것이 아니다. 매일매일 열심히 살다 보면 살아가는 여러 날 중에 마지막 날이 오고, 우리는 그날을 죽음이라고 말할 뿐이다.

호스피스 전문의 아이라 바이오크는 30년 동안 지켜온 환자 수천 명이 죽기 전에 꼭 하고 싶어 했던 말은 "용서해요", "고마워요", "사랑해요"였다고 한다. "돈을 더 많이 벌었어야 했는데", "큰 집에 살았으면", "고급 외제차 한번 타봤으면", "아이들을 더 엄격하게 키웠어야 했는데"라고 말하는 사람은 아무도 없었다고 한다. 사랑했던 사람들과 멀어지고 가슴에 미움과 상처를 담아두고 있다면 죽음을 앞두고 후회하지 말고 지금 풀어내자. 미국 노인 병원의 간호사가 말하는 사람들이 죽기 전에 가장 많이 하는 후회 다섯 가지는 다음과 같다.

1. 자신이 원하는 삶보다 주위 사람들에게 보여주기 위해 산 것
2. 일만 너무 많이 하느라 가족들에게 소홀했던 것
3. 사랑한다 말하지 못하고, 미안하다 용서를 구하지 못한 것
4. 친구들과 연락하며 지내지 못한 것
5. 행복을 적극적으로 선택하지 않고, 의미 없는 일상을 반복한 것

노인이 인식하는 좋은 죽음에 대한 연구조사 결과, 65세 이상의 시니어 350명이 말하는 좋은 죽음 중 가장 많은 대답을 차지한 것은 '편안한 모습으로 맞이하는 죽음(61.9%)'이었다. 많은 사람이 주위 사람에게 폐 끼치지 않고 짧게 아프다가 고통 없이 가족이 있는 집에서 죽기를 희망했다. 그러나 현실은 가족의 편의에 따라 임종과 장례가 이루어지는 경우가 많다. 집을 선호하는 이유는 가족과 함께 보낼 시간이 많기 때문이다. 죽음을 맞이하는 순간, 곁에 있는 가족들의 손이라도 잡고 싶은 마음이 간절할 것이다. 병원에 있으면 가족을 자주 볼 수도 없고, 아무도 없는 새벽에 홀로 죽기도 한다.

어떻게 죽는 것이 잘 죽는 것인가? 임종 환자가 가장 두려워하는 것은 죽음 그 자체가 아니라 '죽음에 이르는 과정'이라고 한다. 화려한 모습으로 혹은 남을 배려하고 살았던 사람도 죽음의 고통 앞에서는 비참한 모습을 감출 수 없다. 노년기에 중환자실에 입원해 가족들에게 참담한 모습을 보여주면서 병상 위에서 인생의 최후를 맞이하는 사람들이 많다. 인생의 아름다운 마무리를 위해서는 죽음에 대한 이해와 준비가 필요하다. 준비 없는 갑작스러운 죽음은 본인도 남아 있는 가족들에게도 고통을 남겨주므로 좋은 죽음이 될 수 없다.

'웰다잉법(호스피스·완화 의료 및 임종 과정에 있는 환자의 연명 의료 결정에 관한 법률)'은 기계적 치료에 의한 무의미한 생명 연장을 거부하고, 자기 스스로 다가올 죽음을 준비하는 것이다. 사전 의향서란 환자 스스로 치료 결정을 내릴 수 없을 때를 대비해 미리 작성해둔 문서인데, 의료진은 이를 참고해 치료 방침을 결정할 수 있다.

서울신문과 웰다잉 시민운동 리서치뷰는 2019년 40세 이상 700명을 대상으로 '죽음 설계 인식'에 대한 여론을 조사했다. 유언장 작성이나 주변 정리 등 죽음을 준비하고 계획하고 있다는 응답은 41.3%로 10명 중 6명은 죽음에 대한 아무런 준비나 계획이 없는 것으로 조사됐다. 노인복지관에서는 의미 있고, 아름다운 생을 마무리할 수 있도록 웰다잉 프로그램을 진행하고 있다. 웰다잉을 추구하는 시니어는 직접 유서, 사망 일기, 묘비명 등을 써보기도 하고, 유언과 상속 방법 등도 배운다. 유언장은 민법에 나와 있는 대로 작성해야 효력이 발생한다. 사망한 뒤에 가족끼리 분쟁이 생길 수도 있기 때문에 정확하게 유언장을 작성해야 하고, 종류에 따라 증인과 공증절차가 필요하므로 반드시 법률상 요건을 확인하는 것이 필요하다. 웰다잉 프로그램과 관련된 문의는 가까운 노인복지관 종합상담센터로 하면 된다.

웰다잉 시민운동·공공의창에서 '죽음 설계 인식'에 대한 여론조사를 했다. 가족이나 가까운 지인들을 중심으로 검소하게 치르는 작은 장례식을 할 의향이 있느냐는 질문에 92.2%가 '그렇다'고 답했다. 작은 장례식을 원하는 이유는 생활 수준이 높은 경우는 조용한 애도의 시간을 원해서이고, 반대로 생활 수준이 낮은 경우는 가족의 경제적 부담을 덜어주기 위해서라고 했다. 작은 장례식을 할 경우 2015년 한국소비자원이 발표한 장례 비용 1,328만 원의 45% 수준인 600여만 원에 장례를 치를 수 있다. 수의는 고인이 평소 즐겨 입던 옷으로 하고, 비싼 나무관 대신 종이관을 사용한다.

사후세계는 존재할까? 공자의 제자 계로가 "사람이 죽으면 어디로 갑니까?"라고 묻자 공자는 "사는 것도 모르는데, 죽은 뒤를 어찌 알 수 있겠는가?(未知生焉知死)"라고 답했다. 사람들은 죽음을 두려워하는 것이 아니라 불확실성을 두려워하는 것이다. 몸이 죽은 다음에 어떤 일이 일어나는지 아무도 모른다. 어느 선사에게 "깨달음을 얻은 사람이 죽으면 대체 어디로 가는지요?"라고 묻자 선사는 "제가 아직 죽어보지 않아서 알 수가 없습니다"라고 답했다고 한다. 불교에서는 죽음 뒤의 세상에 대해서 걱정하고 불안해하는 것도 번뇌라고 말한다. 티베트의 불교에서는 죽음의 순간에 어떤 생각을 하느냐에 따라 그의 내세가 결정된다는 말이 있다. 종교가 있는 사람은 신에게 기도 드리는 시간이고, 종교가 없는 사람은 삶을 되돌아보며 마음을 정리하는 시간이다. 죽음은 일상적인 삶의 마지막 부분이다. 사랑하면 사랑한다고 말하고, 미안하면 미안하다고 사과하고, 용서하면서 살다가 죽음이 오면 맞이해줄 수 있어야 한다. 숨이 멎는 순간은 생물학적 죽음이고, 장례식을 치르며 관계를 정리하는 것은 사회적 죽음이다. 나를 기억해주는 사람이 한 명도 남지 않고 잊힐 때, 그때가 진짜 죽음이라고 한다. 누군가의 기억에서 완전히 잊힌다는 것은 슬픈 일이다. 죽은 사람 중 누군가가 떠오를 때 슬퍼하지 말고 내 마음속에서 살고 있다고 생각하면 위로가 된다. 하루하루가 마지막인 것처럼 살아가면 모든 것이 소중하다.

나의 삶을 회고하는
자서전을 써본다

　자서전(自敍傳)이란 자신의 생애를 돌아보며 쓴 책이다. 일기나 서간문 등 자신과 관련한 글을 정리한 것도 자서전이다. 회고록은 자신이 살아온 시대를 전반적으로 반영하며 쓴 것을 말한다. 누가 어디서 어떤 삶을 살았든지 자기 자신에게는 소중하고 특별한 의미가 있다. 누구라도 자신의 경험을 정직하게 바라보고 지나치게 꾸미지 않고 기록하면 된다. 자신의 인생을 기억하고, 정리해보고 싶다면 자서전을 써보자.

　자서전은 그 사람의 인격이나 필력에 따라 문학적인 가치 또는 그 사람의 인생에 대해서 본받을 점이 있는 인생 지침서가 된다. 그 예로 벤자민 프랭클린의 자서전은 전 세계인의 인생 지침서가 되고 있다. 그는 1706년 보스턴에서 가난한 집안의 열일곱 남매 중 막내아들로 태어났다. 8세 때부터 2년간 학교에서 쓰기와 산수를 배운 것이 그가 배운 교육의 전부였다. 1790년 84세의 나이로 세상을 떠날 때까지 과학자이자 발명가로서 스토브, 피뢰침, 시계 초침, 이중초점 안경 등을 발명하고, 미국 최초의 공립 도서관과 소방서를 세웠다. 그는 역대 미국 대통령들과 나란히 미국의 100달러 지폐에 얼굴이 새겨져 있다. 벤자민 인성영재학교 설립자 이승헌은 "인간은 하나의 직업이나 하나의 인격으로 고정된 존재가 아니다. 끊임없이 자신을 창조하며 새롭게 만들어갈 수 있는 무한한 가능성을 가진 존재이다. 인격 완성이라는 큰 목표는 자기계발을 통해 이룰 수 있고, 인격 완성에는 졸업이 없다. 벤자민 프랭클린처럼 인격 완성을 목표로 모든 환경을 자신이 원하는 대로 디자인하며, 자신의 가능성을 마음껏 실험하며 살 수 있기를 희망한다"고 했다.

변화경영 전문가 구본형은 10년에 한 권씩 자서전 쓰기를 목표로 정했다. "위대한 사람만 자서전을 쓰는 것이 아니다. 평범한 사람은 평범하기 때문에 자신의 기록을 남겨야 한다. 자신이 기록하지 않으면 누구도 기억해주지 않으므로 스스로 남겨야 한다. 기록이 없으면 역사도 없고 자신의 세계도 존재하지 않는다. 나는 사라져도 내 이야기는 남을 것이다"라고 말했다.

루소의 참회록에는 루소의 어린 시절, 도피하고 방랑했던 시절, 철학자와 소설가로 살았던 일상을 솔직하게 표현해놓았다. 그는 참회록에서 "언젠가 최후 심판의 나팔 소리가 울리더라도 나는 이 책 한 권을 갖고 심판관인 신 앞에 나아가서 큰 소리로 말할 생각이다. 나는 이렇게 생각했노라. 나는 이렇게 행했노라. 나는 이렇게 살았노라. 선악을 가리지 않고 모두 말하고 싶다. 어떤 잘못도 감추지 않았고 어떠한 선행도 과장하지 않았다"고 기록해두었다. 루소의 참회록은 1778년 루소가 죽은 후 발표되었고, 진실성이 담긴 자서전으로 평가되었다.

우리는 왜 자서전을 써야 할까? 과거의 기억과 추억을 끄집어내 쓰다보면 현재 삶의 이유와 소중함을 알게 되고, 미래를 바라보는 여유가 생긴다. 인생을 둘러보면 '그때 왜 그랬을까?' 하는 일도 있고, 감추고 싶고 지워버리고 싶은 일도 있을 것이다. 조지 오웰은 "자서전은 수치스러운 점을 밝힐 때만이 신뢰를 얻을 수 있으며, 스스로 칭찬하는 사람은 십중팔구 거짓말을 하고 있다"라고 말했다. 누구라도 부끄러운 일은 있을 것이다. 나도 중학교 때 친구 한 명을 심하게 놀리며 왕따를 시킨 적이 있다. 그 친구가 그리 싫지 않았는데, 왜 그렇게 놀리고 미워했는지 그 친구 생각만 하면 미안한 마음이 든다. 자서전을 쓰면 자기를 객관화시켜 볼 수 있기 때문에 과거의 자기를 반성하고, 미래에 더 올바르고 가치 있는 삶을 살 수 있다.

자서전은 어떻게 써야 할까? 자신의 이야기를 쓰는 것이지만, 일기와는 달리 다른 사람들과 공유하기 때문에 나를 객관적으로 바라보는 시각이 필요하다. 생애 주기별 또는 사건 중심으로 쓰든지 아니면 자신만의 특별한 이야기를 쓰든지 원하는 대로 쓰면 된다. 구체적인 방법은 다음과 같다. 첫째, 생애 주기별로 쓰는 방법이다. 출생, 유소년 시절, 학창시절, 직장 생활, 은퇴 이후로 쓰거나 10대, 20대, 30대 순으로 써나간다. 둘째, 중요한 사건별로 쓴다. 태어났을 때, 처음 학교 입학하던 날, 군 입대, 결혼과 출산, 승진했을 때, 퇴직이 임박했을 때 순으로 써나간다. 셋째, 살아오면서 느낀 점과 특별한 기억 등에 대해서 쓰는 방법이다. 좋아하는 것(사람, 장소, 취미, 음식, 과목, 직업 등), 기억에 남는 것(선생님, 친구, 여행지, 영화), 잘했다고 생각되는 것(학교 전공, 직장, 결혼 등), 후회되는 것(공부 안 한 것, 불효한 것), 행복했던 기억(합격, 결혼, 출산, 승진) 등을 정리해서 쓴다.

글쓰기가 혼자서는 정리가 잘 안되고 힘들다면 전문가의 도움을 받는 것이 좋다. 13년 차 전업작가이자 이상민 책 쓰기 연구소의 이상민 대표는 "책 쓰는 길을 안내하는 멘토를 따라하면 누구든지 베스트셀러 작가가 될 수 있다"고 한다. 구민회관, 주민센터, 문화센터 등에서도 60세 이상 시민들에게 '자서전 쓰기' 강좌를 하는 곳이 있다. 부모님의 자서전을 대신 써드리는 것도 의미가 있다. 서울시의 50플러스 재단에서는 '천 개의 스토리, 천 권의 자서전'이라는 부모님 자서전 쓰기 강좌를 진행해서 좋은 반응을 얻었다. 부모님들은 "내가 그동안 살아온 이야기를 소설로 쓰면 열 권도 넘는다"라는 말씀을 자주 하신다. 자서전을 쓰면서 부모님의 깊은 마음과 내색하지 않았던 아픔도 알고, 더불어 자신의 인생도 되돌아볼 수 있다.

이제 원고를 다 썼다면 출판은 어떻게 해야 할까? 출판 종류에는 크게 세 가지가 있다. 출판사에서 비용을 부담하는 기획출판, 출판사와 저자가 비용을 분담하는 분담출판, 저자가 모든 비용을 분담하는 자비출판이 있다. 자비출판의 장점은 인세가 높고, 교정과 표지디자인, 유통, 광고 등을 출판사가 맡아서 대행해준다는 것이다. 분담출판은 출판사와 저자가 출판 비용을 공동 부담하면서 인세는 자비출판보다 적고, POD 출판은 주문받으면 그 즉시 주문한 권수만큼 제작해서 판매되는 형식이다.

휴대폰 어플이나 영상제작 프로그램을 이용해 생애 영상을 만들어보는 것도 좋다. 퇴직하는 선배님들에게 재직 중인 동료들과 함께했던 사진들로 만든 동영상을 선물한 적이 있다. 자신이 주인공인 동영상을 보고 얼마나 좋아하시는지, 소중한 퇴직 기념 선물이 되었다. 나는 아버지 생전의 모습과 우리에게 해주셨던 말씀을 자막으로 넣은 영상을 만들어서 생각날 때마다 보고 있다. 살아 계실 때 보여드렸으면 좋았을 걸, 그때는 생각조차 못 했다. 다음에는 내 인생을 담은 셀프 영상을 만들 예정이다. 가장 아름다웠던 시절과 그리운 추억을 담고, 내가 좋아하는 음악을 넣어서 영화처럼 멋지게 만들고 싶다. 나의 가족과 나를 그리워하는 사람들이 이 영상의 관람객이 되어줄 것이다.

내 자서전은 누가 읽어줄까? 첫 번째로 가장 소중한 독자는 나 자신이다. 추억을 더듬고 열정을 쏟아가며 자서전을 쓰는 행위 자체가 소중하다. 완성이 되면 가족과 나를 기억하고픈 사람이 독자가 되어줄 것이다. 내가 정말 괜찮은 삶을 살았다면, 나를 궁금해하고 기억하기 위해 내 자서전을 읽을 것이다. 환갑잔치는 안 할 생각이지만, 70세쯤에는 가족과 지인들을 초청해 자서전 출판기념회를 열어 인생을 돌아보는 것도 좋을 것이다. 훌륭한 자서전을 쓰려면 하루하루 인생을 아름답고 가치 있게 잘 살아야겠다.

에필로그

  이 책을 쓰면서 나는 마치 은퇴 시작부터 죽음을 맞이할 때까지의 인생 대본 한 편을 쓰는 마음이었다. 하나하나 알아가는 것이 정말 보람되고, 순간순간이 행복했다. 책을 다 쓰고 나니 은퇴 후의 노후라는 긴 항해를 한 것 같기도 하고, 출렁대는 배 위에서 닻줄을 잡고 오랜 여행을 다녀온 느낌이다. 바닷속은 무궁무진하다. 어디에서 무엇을 건져 올릴 수 있을지, 내 배가 언제 가라앉아 항해를 멈추게 될지 모른다. 언젠가는 정박을 하겠지만 그 사이에 침몰은 하고 싶지 않기 때문에 충실하게 썼다고 자부한다.

  50년쯤 살았으면 누구든지 하나의 큰 지식창고다. 그러나 노인이 되는 것은 누구나 처음이다. 새로 난 길도 있고, 이젠 더 이상 갈 수 없는 막힌 길도 있다. 인생에는 내비게이션이 필요하다. 이젠 늙음과 죽음이라는 종착지까지 안전하고 즐겁게 가는 여정이 남았다. 이 책은 어떻게 그 길을 가면 좋을까 하는 고민에서 시작되었다.

창업 부분에 대한 자료 조사를 할 때는 세상살이가 참 어렵고, 나쁜 사람도 많고, 사업은 어려워서 엄두도 못 내겠구나 하고 생각했다. 사회적 기업과 사회적 협동조합의 기원과 사례를 보면서는 나는 어떤 아이디어와 기술력으로 보람 있고, 의미 있는 일을 할 수 있을까? 진지하게 고민도 해보았다. 정말, 세상은 넓고 할 일은 많다! 은퇴하면 끝인 줄 알았는데, 이렇게 할 수 있는 일이 많다니! 설렘이 생겼다.

에필로그

우선 이 책은 나 자신을 위한 매뉴얼이라고 생각하니 무엇 하나도 소홀히 할 수 없었다. 이 책을 만나는 독자들이 뭐라도 하나 챙겨갈 수 있고, 도움이 되었으면 하는 마음으로 준비했다. 은퇴와 관련된 서적을 여러 권 구입해 책상에 쌓아두었는데, 딸이 내가 쌓아둔 책을 보더니 "엄마 이 책이 다 뭐야, 엄마 은퇴할 거야?"라고 물었다. "응, 좀 있으면…. 그런데 왜?"라고 내가 묻자 딸은 "아니 그냥 불안해서…"라고 답했다. 엄마는 평생 늙지 않을 거라고 생각하는 걸까? 역시, '은퇴'라는 두 글자는 보는 사람도 편치 않나보다.

나는 크게 성공한 인생은 아니지만 묵묵하게 성실히 살아온 사람들, 인생 마지막까지 자신에게 주어진 삶을 차곡차곡 꾸려나가는 사람들을 사랑하고 응원한다. 마치 내 모습을 보는 것 같아 더욱 그렇다. 바다에는 물이 정말 많다. '배는 정박해 있는 동안 가장 안전하다. 그런데 배는 그러라고 있는 것은 아니다'라는 말은 참말이다. 흔들리지 않고 피는 꽃은 없다고 했다. 흔들리는 것은 살아 있는 것이고, 인생이란 바다를 항해하고 있다는 증거다.

은퇴 준비, 어떻게 할까요?

제1판 1쇄 | 2020년 6월 15일
제1판 2쇄 | 2021년 11월 30일

지은이 | 황국영
펴낸이 | 유근석
펴낸곳 | 한국경제신문*i*
기획제작 | (주)두드림미디어
책임편집 | 우민정   디자인 | 얼앤똘비악earl_tolbiac@naver.com

주소 | 서울특별시 중구 청파로 463
기획출판팀 | 02-333-3577
E-mail | dodreamedia@naver.com
등록 | 제 2-315(1967. 5. 15)

ISBN 978-89-475-4596-9 (03300)